essentials

essentials liefern aktuelles Wissen in konzentrierter Form. Die Essenz dessen, worauf es als „State-of-the-Art" in der gegenwärtigen Fachdiskussion oder in der Praxis ankommt. *essentials* informieren schnell, unkompliziert und verständlich

- als Einführung in ein aktuelles Thema aus Ihrem Fachgebiet
- als Einstieg in ein für Sie noch unbekanntes Themenfeld
- als Einblick, um zum Thema mitreden zu können

Die Bücher in elektronischer und gedruckter Form bringen das Expertenwissen von Springer-Fachautoren kompakt zur Darstellung. Sie sind besonders für die Nutzung als eBook auf Tablet-PCs, eBook-Readern und Smartphones geeignet. *essentials:* Wissensbausteine aus den Wirtschafts-, Sozial- und Geisteswissenschaften, aus Technik und Naturwissenschaften sowie aus Medizin, Psychologie und Gesundheitsberufen. Von renommierten Autoren aller Springer-Verlagsmarken.

Weitere Bände in der Reihe http://www.springer.com/series/13088

Sven Pastoors · Helmut Ebert

Prinzipien der Respektkommunikation

Psychologische Grundlagen einer erfolgreichen Zusammenarbeit

Sven Pastoors
Düsseldorf, Deutschland

Helmut Ebert
Bestwig, Deutschland

ISSN 2197-6708   ISSN 2197-6716   (electronic)
essentials
ISBN 978-3-658-26691-2   ISBN 978-3-658-26692-9   (eBook)
https://doi.org/10.1007/978-3-658-26692-9

Die Deutsche Nationalbibliothek verzeichnet diese Publikation in der Deutschen Nationalbibliografie; detaillierte bibliografische Daten sind im Internet über http://dnb.d-nb.de abrufbar.

Springer ist ein Imprint der eingetragenen Gesellschaft Springer Fachmedien Wiesbaden GmbH und ist ein Teil von Springer Nature
Die Anschrift der Gesellschaft ist: Abraham-Lincoln-Str. 46, 65189 Wiesbaden, Germany

Was Sie in diesem *essential* finden können

In diesem Buch finden Sie Tipps und Anregungen…

- wie Sie sich selbst treu bleiben und Ihre Werte vertreten können, ohne andere vor den Kopf zu stoßen.
- wie Sie Ihre Ziele durch respektvolle Kommunikation erreichen können.
- wie Sie sich in andere Kulturen integrieren können, ohne Ihre eigene Identität zu verlieren.
- wie Sie Ihre Mitarbeiter durch einen respektvollen Umgang zu guten Leistungen motivieren können.

Inhaltsverzeichnis

1 Respekt: theoretische Grundlagen 1

2 Sich selbst treu bleiben 7
   2.1 Achten Sie sich selbst 7
   2.2 Seien Sie, wer Sie sind. 8
   2.3 Verschaffen Sie sich Klarheit über Ihre Bedürfnisse und Ziele..... 9
   2.4 Stehen Sie zu Ihrem Wort 11
   2.5 Schmücken Sie sich nicht mit fremden Federn 12

3 Respektvoll miteinander kommunizieren 15
   3.1 Achten Sie die Meinung anderer 16
   3.2 Kommunizieren Sie offen und ehrlich 18
   3.3 Hören Sie aufmerksam zu 19
   3.4 Geben Sie anderen die Möglichkeit, ihr Gesicht zu wahren 20
   3.5 Spenden Sie Ihren Mitmenschen Anerkennung 21

4 Sich integrieren 25
   4.1 Beachten Sie die Codes und Normen Ihrer Mitmenschen 26
   4.2 Respektieren Sie andere Kulturen 27
   4.3 Respektieren Sie Ihr Gegenüber 28
   4.4 Vermeiden Sie Verallgemeinerungen 29
   4.5 Gehen Sie freundlich und offen auf andere zu. 30

5   Andere respektvoll führen 33

   5.1   Gehen Sie mit gutem Beispiel voran 34

   5.2   Seien Sie aufmerksam 35

   5.3   Behandeln Sie alle mit dem gleichen Respekt 36

   5.4   Lassen Sie anderen ihre Freiheit 37

   5.5   Übernehmen Sie Verantwortung für Ihr Handeln 38

6   Schlusswort 41

Literatur 45

Respekt: theoretische Grundlagen

Egal, ob privat oder im Beruf, jeder von uns möchte gerne respektiert werden. Das zeigt auch eine Untersuchung der Forschungsgruppe RespectResearchGroup in Hamburg. Danach gehört Respekt zu den Dingen, die sich Arbeitnehmer im Job am meisten wünschen. Gleichzeitig geht aus dieser Studie hervor, dass auf diesem Gebiet noch viel Verbesserungspotenzial besteht und sich die Befragten vor allem von ihrem Vorgesetzten mehr Respekt wünschen (vgl. Quaquebeke et al. 2006). Nur wer sich respektiert fühlt, ist bereit, Informationen weiterzugeben, den Dialog zu suchen, sein Bestes zu geben und auch unangenehme Entscheidungen mitzutragen.

Bedeutungen des Begriffs Respekt

Der Begriff Respekt stammt von dem lateinischen Wort *„respectus"* und bedeutet übersetzt *Rücksicht.* Als weitere Bedeutungen finden sich in der Literatur außerdem Begriffe wie Achtung, Anerkennung, Wertschätzung oder Toleranz.

Achtung vor einer anderen Person: Achtung erhält ein Mensch ungeteilt und auf die ganze Person bezogen. Sie gilt nicht einem bestimmten Menschen, sondern allen Menschen gleichermaßen (Beispiel: „Wir behandeln alle Menschen mit Respekt").

Merkmale der Achtung

Der israelische Philosoph Avishai Margalit nennt vier Bedingungen, die erfüllt sein müssen, um von Achtung sprechen zu können:

- Sie darf nicht abgestuft werden, weil allen Menschen gleichermaßen Achtung gebührt.
- Sie darf nicht missbraucht werden und einen Grund für Verachtung liefern.
- Sie muss moralisch relevant sein.
- Sie darf nur auf menschlichen Leistungen oder Eigenschaften basieren und muss ohne Rückgriff auf ein göttliches Wesen formuliert werden können (vgl. Margalit 1999, S. 83).

© Springer Fachmedien Wiesbaden GmbH, ein Teil von Springer Nature 2019
S. Pastoors und H. Ebert, *Prinzipien der Respektkommunikation,* essentials,
https://doi.org/10.1007/978-3-658-26692-9_1

Wertschätzung einer anderen Person: Wertschätzung ist immer auf eine konkrete Person gerichtet, die Teil einer größeren Gruppe sein kann (vgl. Margalit 1999, S. 64). Wertschätzung muss sich eine Person verdienen und kann sie dementsprechend auch verlieren. Eine von Wertschätzung geprägte Beziehung bedarf so stets der Aktualisierung, einer kontinuierlichen Überprüfung und Infragestellung (Beispiel: „Wir haben Respekt vor unseren Eltern, Lehrern etc.").

Anerkennung (Akzeptanz) der Leistungen oder Wünsche einer anderen Person: Erkennt eine Person die Leistungen, Regeln oder Wünsche anderer Menschen an, schränkt dies die persönliche Handlungsfreiheit der anerkennenden Person ein. Denn durch die Anerkennung einer Person entstehen auch immer Normen für das persönliche Handeln (Beispiel: „Wir haben Respekt vor Menschen, die offen zu ihren Fehlern stehen." Dies bedeutet, dass wir selber auch zu unseren eigenen Fehlern stehen müssen). Anerkennung schließt anderen gegenüber Verpflichtungen ein, die von ihrer Respektierung als Personen, über die Zustimmung zu ihren Wünschen, bis hin zur Würdigung ihrer Leistungen reicht (vgl. Amengual 1999, S. 66 ff.).

Toleranz gegenüber einer anderen Person: Der Begriff Toleranz umfasst das Dulden beziehungsweise das Gewähren fremder Überzeugungen, Handlungsweisen und Sitten (Beispiel: „Ich respektiere es, wenn jemand religiöse Symbole trägt"). Entsprechend der Geschichte der Toleranzidee wird der Begriff häufig mit religiöser Toleranz verknüpft. Zur Öffnung des Toleranzbegriffs auf sämtliche Bereiche des Lebens hat vor allem der englische Ökonom John Stuart Mill beigetragen. Seine Betonung individueller Freiheiten gilt als wegweisend für die Toleranzidee und die Ausdehnung des Bedeutungsrahmens. Seit Mill wird von Toleranz nicht nur in Bezug auf das Verhältnis zwischen Gruppen, sondern auch das Verhältnis von Gruppen zu Individuen oder zwischen zwei Individuen gesprochen (vgl. Teichert 1996).

Weitere Deutungsmöglichkeiten: Weitere Deutungsmöglichkeiten von Respekt sind die Angst und blinde Ehrfurcht. Ehrfurcht ist sowohl ein Aspekt des Respekts als auch der Aufmerksamkeit. Ehrfurcht ist „diejenige Haltung, in welcher der Mensch noch etwas hinzu wahrnimmt, was der Ehrfurchtslose nicht sieht und wofür gerade er blind ist: das Geheimnis der Dinge und die Werttiefe ihrer Existenz" (Lützeler 1978, S. 91). Sowohl Angst als auch Ehrfurcht stellen eine Überhöhung des Respekts beziehungsweise des Gegenübers (Objekt) dar. Da Subjekt und Objekt nicht mehr auf Augenhöhe agieren, wird eine langfristige Kooperation durch diese beiden Aspekte erschwert beziehungsweise nahezu unmöglich. Diese beiden Bedeutungsmöglichkeiten des Respekts spielen deshalb für die weiteren Betrachtungen keine Rolle.

Wertschätzender Respekt

In diesem Buch liegt der Fokus auf dem zwischenmenschlichen Respekt. Dieser beschreibt die Beziehung zwischen zwei Individuen. Der amerikanische Philosoph Stephen Darwall unterschied 1977 in seinem Aufsatz „Die Zwei Arten von Respekt" zwischen *anerkennendem* und *wertschätzendem Respekt:* Nach Darwall zeichnet sich anerkennender Respekt dadurch aus, dass eine Person „eine Eigenschaft oder einen Wesenszug seines Gegenübers bei der Kommunikation angemessen berücksichtigt oder würdigt" (vgl. Darwall 1977, S. 38). Der anerkennende Respekt schließt Verpflichtungen gegenüber anderen Menschen mit ein. Diese Verpflichtungen können von deren Respektierung als Personen, über die Anerkennung ihrer Wünsche bis hin zur Würdigung ihrer Leistungen reichen (vgl. ebd., S. 38 f.).

Dem anerkennenden Respekt stellt Darwall *wertschätzenden Respekt* entgegen. Der wertschätzende Respekt beschreibt somit eine positive Haltung gegenüber einem anderen Menschen. Er gilt diesem Menschen als Ganzes, unabhängig von seinen Taten oder Leistungen (vgl. ebd., S. 39).

Anerkennung kann stärker oder schwächer empfunden werden, also abgestuft. Sie darf aber nicht an Bedingungen geknüpft sein. Wertschätzt jemand eine Eigenschaft eines anderen, weil diese ihm einen Vorteil verschafft, ist dies für Darwall kein Respekt. Wertschätzender Respekt ist für ihn eine grundsätzliche Haltung, die nicht an irgendwelche Bedingungen geknüpft ist (ebd., S. 44).

In Anlehnung an Darwalls wertschätzenden Respekt spielen für die *Forschungsgruppe Respekt* der Universität Hamburg die berufliche und soziale Stellung nur eine untergeordnete Rolle. Sie definiert Respekt als die „Einstellung eines Menschen einem anderen gegenüber, bei welcher er in diesem einen Grund erkennt, der es aus sich heraus rechtfertigt, ihn zu beachten und auf solche Weise zu agieren, dass bei ihm über Resonanz das Gefühl entsteht, in seiner Bedeutung und seinem Wert (an)erkannt zu sein" (RespectResearchGroup 2014).

Wertschätzung am Arbeitsplatz

Ein Mangel an Respekt ist vielleicht weniger aggressiv als eine direkte Beleidigung, kann aber ebenso verletzend sein (vgl. Sennett 2002). Wer von seinen Mitmenschen nicht respektiert wird, fühlt sich nicht als Mensch, dessen Anwesenheit etwas zählt. Beschränken die Mitglieder einer Gesellschaft Respekt beispielsweise auf mehr oder weniger beliebige Leistungen wie ein hohes Einkommen, die Fähigkeit, gut Fußball zu spielen, oder die Teilnahme in einer Talkshow, verwandelt sich die Gemeinschaft von einer Kultur der Gleichheit in eine Kultur der Ungleichheit.

Gerade in Führungssituationen spielt Respekt eine wichtige Rolle. Humane Führung sieht im Mitarbeiter verantwortliche Menschen. Das schließt Führungstechniken aus, die mehr manipulativ als motivierend sind (vgl. Berschneider 2003, S. 41): „Führungskräfte, die sich der eigenen Würde bewusst sind, die sich selbst in erster Linie als geistige und humane Wesen betrachten, werden im Regelfalle auch ihre Kollegen und Mitarbeiter als geistige Personen ansehen und ihnen daher auch mit Anstand und Wertschätzung begegnen" (ebd., S. 141).

Oft setzt die Bereitschaft, einen anderen Menschen zu respektieren, einen Wechsel der Wahrnehmung (Aufmerksamkeitsverhalten) voraus. Wer in anderen lediglich ein Mittel zum Erreichen der eigenen Ziele sieht, neigt eher dazu, die Person im anderen zu übersehen. Führung setzt deshalb Wertschätzung der zu Führenden voraus. Das ist aber nur möglich, wenn eine Führungskraft mit sich selbst respektvoll und wertschätzend umgeht. Dies wiederum erfordert Selbstkenntnis („Wie sehe ich mich selbst?", „Wie werde ich gesehen?", „Von welchem Selbstbild lasse ich mich leiten?"). Neben der Selbstkenntnis ist die Selbstdistanzierung wichtig: Selbstdistanzierung ist die Fähigkeit, „zu sich selbst in eine fruchtbare Distanz zu treten und zum Beispiel als geistige Person zu den eigenen Emotionen Stellung zu beziehen. So kann eine Führungskraft in einer Konfliktsituation oder im Falle einer größeren Enttäuschung dennoch den Anstand wahren, obwohl ihr danach zumute ist. Die Emotionen sind da, sie stellen sich ein, das gilt es zu akzeptieren – entscheidend ist, wie ein Mensch damit umgeht" (ebd., S. 138).

Respekt als Mechanismus zur Steuerung von Interaktionen
Dem Erfolg auf der Sachebene geht der Erfolg auf der Beziehungsebene voraus. Beziehungen sind keine feste Größe, sondern kommunikative Prozesse, die die Gesprächspartner gemeinsam und Schritt für Schritt vollziehen. Respektkommunikation dient entsprechend dazu, den Sprecher-Hörer-Kontakt zu etablieren und aufrechtzuhalten. Gespräche, aus denen Menschen als Sieger oder Besiegte hervorgehen, sind nicht von Respekt getragen, was die Beziehung nachträglich zu einer rein instrumentellen abwertet. Deshalb ist es notwendig, ein Vorgehen zu finden, bei dem es weder Sieger noch Besiegte gibt.

Funktionen des Respekts

Auf der Ebene der Interaktion erfüllt Respekt somit folgende Funktionen:

- Reduzierung der wechselseitigen Unberechenbarkeit (Kontingenz)
- Sicherung der Reziprozität (Balance zwischen Geben und Nehmen)
- Koordinierung des kommunikativen Handelns (zum Beispiel Gesprächssteuerung)
- Anerkennung der jeweiligen Identitäten (Selbstwert).

Respektvolles Verhalten beinhaltet auch zweckorientiertes soziales Verhalten. Hierzu gehört es auch, sich selbst zu schützen und seine Ziele zu erreichen. Es liegt in der Regel „im Interesse des Sprechers, eine soziale und emotionale Harmonie zu schaffen beziehungsweise zu bewahren, und zu einer solchen Harmonie gehört, dass auf das Selbstwertgefühl des Hörers Rücksicht genommen wird" (Schwarz-Friesel 2007, S. 26). Im Kontext sozialer Interaktion, bei der es um zweckrationale Kooperation geht, sind Schutzmechanismen und Formen, das eigene Gesicht zu wahren, allgegenwärtig.

Die Kategorie des *„Face"* konkretisiert den Schutz des eigenen Images als menschliches Bedürfnis. Menschen streben danach, ihr Gesicht zu wahren. Das „Gesicht" des Sprechers und des Hörers sind während der Interaktion keine feststehenden Größen, sondern entwickeln sich erst im Rahmen des gemeinsamen Handelns. Das eigene wie das fremde Gesicht sind prinzipiell in jeder Interaktion gefährdet und bedürfen deshalb besonderer Aufmerksamkeit (vgl. Lüger 2001, S. 6 f.).

Im Folgenden stellen wir Ihnen 20 Grundprinzipien der Respektkommunikation vor. Ziel dieser Prinzipien ist es, in privaten oder geschäftlichen Beziehungen die eigenen Ziele zu erreichen, ohne dabei das eigene Gesicht oder das Gesicht seines Gegenübers zu gefährden. Dabei werden vier unterschiedliche Ebenen unterschieden:

- Sich selbst treu bleiben (Respekt gegenüber der eigenen Person)
- Respektvoll miteinander kommunizieren (Respekt gegenüber anderen)
- Sich integrieren (Respekt gegenüber einer Gruppe, Organisation oder Gesellschaft)
- Andere respektvoll führen (Respekt gegenüber Untergebenen)

Sich selbst treu bleiben 2

Die zentralen Begriffe der ersten Ebene sind „Selbstrespekt" und „Authentizität". Das Wort Authentizität setzt sich aus den griechischen Wörtern *autos* („selbst") und *ontos* („seiend") zusammen und kann mit „sich selbst seiend" übersetzt werden. Für die Psychologin Susan Harter bedeutet authentisch zu sein, gemäß der eigenen Gedanken, Emotionen, Bedürfnissen, Vorlieben und Überzeugungen zu handeln und sich dementsprechend auszudrücken (vgl. Harter 2002, S. 382).

Die meisten Menschen streben nach Sicherheit und Unabhängigkeit. Wenn sie beide Ziele gleichzeitig erreichen wollen, müssen sie sich entweder selbst helfen oder zu Bündnissen zusammenschließen, um ihre Interessen durchsetzen zu können. Da Sie ihre Umwelt alleine kaum verändern können, sollten Sie versuchen, sich selbst so darzustellen, dass jedem potenziellen Gegner eine Aggression unrentabel erscheint.

Sich treu bleiben, heißt in allen Situationen die eigenen Werte zu beachten und nicht außer sich zu geraten. Dies kann schnell geschehen, wenn sie sich nicht selbst achten, wenn sie nicht wissen, was sie wollen, oder sich provozieren lassen. Deshalb ist es wichtig, sich Freunde und Verbündete zu suchen, die Sie so akzeptieren, wie Sie sind, und ihnen Schutz vor den Übergriffen anderer bieten. Ein weiterer Schutz vor Angriffen besteht darin, dass Sie sich unentbehrlich machen.

2.1 Achten Sie sich selbst

Die wichtigste Voraussetzung, um anderen respektvoll begegnen zu können, ist Selbstrespekt. Nur wer sich selbst schätzt und respektiert, kann anderen Respekt entgegenbringen. Oder anders herum betrachtet: Warum verwehren Sie sich selbst den Respekt, den Ihnen andere entgegenbringen?

© Springer Fachmedien Wiesbaden GmbH, ein Teil von Springer Nature 2019   7
S. Pastoors und H. Ebert, *Prinzipien der Respektkommunikation,* essentials,
https://doi.org/10.1007/978-3-658-26692-9_2

Selbstrespekt beruht im Wesentlichen auf drei Pfeilern:

- Wer will, dass andere ihn achten, muss sich selbst achten.
- Bleiben Sie sich selbst und Ihren eigenen Überzeugungen treu. Lassen Sie sich nicht je nach Situation oder Umgebung verbiegen.
- Seien Sie bereit, das zu leisten, was Sie von anderen fordern. Dies gilt auch in Bezug auf Selbstrespekt und den Respekt, den Sie von anderen erwarten.

Fehlt dem Respekt der Selbstrespekt, verkommt Respekt schnell zu einer hilflosen oder verlogenen Geste (vgl. Dorn 2010, S. 5). Das ist eine schlechte Basis für zwischenmenschliche Beziehungen – egal, ob am Arbeitsplatz, in der Beziehung oder anderswo.

Wenn andere Sie respektieren sollen, müssen Sie zunächst sich selbst respektieren und zeigen, dass Sie sich nicht alles gefallen lassen. Dazu gehört zum Beispiel, dass Sie auch mal nein sagen, wenn Ihnen beruflich etwas gegen den Strich geht. Nur wenn Sie sich selbst respektieren, können Sie andere respektvoll behandeln, weil Sie unbewusst mit anderen so umgehen wie mit sich selbst. Versuchen Sie, sich selbst mit mehr Wertschätzung und Achtung zu begegnen. Dann verändert sich automatisch Ihr Verhalten gegenüber anderen.

Verhalten sich andere respektlos, dann drohen Sie mit Konsequenzen für den Fall, dass diese ihr Verhalten nicht ändern. Sie müssen jedoch willens und in der Lage sein, die angedrohten Konsequenzen wahrzumachen. Drohen Sie nur mit etwas, was Sie auch wahrmachen können und wollen. Sonst verlieren Sie noch mehr Respekt und werden noch weniger ernst genommen.

Es gibt Situationen, bei denen Sie in so klaren Abhängigkeitsverhältnissen stecken, dass Sie sich durch die angekündigten Konsequenzen ins eigene Fleisch schneiden. Drohen Sie nicht leichtfertig mit Kündigung, wenn der Chef Sie respektlos behandelt, Sie aber auch Ihre Familie ernähren müssen. Versuchen Sie stattdessen, Ihrem Gegenüber – zum Beispiel Ihrem Chef – klarzumachen, welche Wirkung sein Verhalten auf sein Umfeld hat: „Sie sind so unfreundlich. Das Betriebsklima liegt komplett am Boden. Alle arbeiten nur noch mit halber Kraft. Das kann ja nicht in Ihrem Interesse sein".

2.2 Seien Sie, wer Sie sind

Kinder sind offen und authentisch. Sie verstellen sich nicht, folgen ihren Impulsen und sind spontan. Doch mit der Zeit verlieren viele Menschen diese. Jeder Mensch wünscht sich Respekt und Anerkennung. Aber aus Angst, diese nicht zu erhalten und von den Mitmenschen abgelehnt zu werden, beginnen Menschen, sich zu verstellen und Schwächen zu verbergen. Dennoch gilt: Bleiben Sie authentisch, seien Sie ganz Sie selbst. Dies ist die wichtigste Regel, damit andere Sie respektvoll behandeln. Ein selbstbewusstes, authentisches (und somit schlüssiges) Verhalten beinhaltet, dass Sie sich selbst treu bleiben und dass Sie zu Ihren eigenen Werten und Überzeugungen und somit zu sich selbst stehen. Ein in sich schlüssiges Verhalten ist in vielen verschiedenen Situationen von großer Bedeutung: Verhalten Sie sich unterschiedlichen Personen gegenüber gleich? Ist Ihr Verhalten im Einklang mit Ihrer Persönlichkeit und Ihren Überzeugungen? Entspricht das Image, das Sie von sich selbst vermitteln, Ihrem wahren Naturell? Deshalb ist es wichtig, dass Sie Ihre eigenen Überzeugungen nicht verleugnen. Lassen Sie sich nicht auf Dinge ein, bei denen Sie ein ungutes Gefühl haben. Lassen Sie sich nicht auf Dinge ein, die unter Ihrer Würde sind, nur um in anderen Kreisen akzeptiert zu werden. Es gibt Ausnahmesituationen, in denen ein solches Verhalten Sinn machen kann. Wenn Sie sich regelmäßig auf ein anderes Niveau begeben, um nicht als Außenseiter zu gelten, verleugnen Sie einen Teil Ihrer selbst und können Ihre eigenen Talente und Fähigkeiten nicht mehr zum Ausdruck bringen. Sie bringen sich so um die Möglichkeit, Ihre Arbeit so gut zu erledigen, wie Sie es unter anderen Rahmenbedingungen könnten.

Wenn Sie sich selbst und Ihren Überzeugungen treu bleiben, gewinnen Sie mehr Sicherheit und das Vertrauen anderer. Die anderen Menschen wissen, woran sie bei Ihnen sind und bekommen so die Chance, es Ihnen recht machen zu können. Ein selbstbewusstes Auftreten gibt somit eine klare Linie für Entscheidungen und Handlungen vor, sowohl für Sie selbst als auch für andere (vgl. Lorenzoni und Bernhard 2001, S. 147).

Selbstbewusstsein und Authentizität beginnen bei einem selbst. Authentische Menschen haben eine besondere Ausstrahlung. Sie wirken echt, ungekünstelt, offen und entspannt. Ein authentischer Mensch strahlt aus, dass er mit sich selbst im Reinen ist. Er steht zu seinen Stärken und Schwächen.

2.3 Verschaffen Sie sich Klarheit über Ihre Bedürfnisse und Ziele

Wenn Sie ein bestimmtes Ziel erreichen möchten, sollten Sie sich darüber im Klaren sein, welche Wünsche und Ängste Sie antreiben. Was sind Ihre wahren Motive und Beweggründe? Werden Sie sich Ihrer Emotionen bewusst. Bedürfnisse, die Menschen antreiben, sind zum Beispiel das Streben nach Anerkennung, Freiheit, Harmonie, Rache oder Sicherheit. Verschaffen Sie sich Klarheit über

Ihre Ziele und die Grenze Ihrer Kompromissbereitschaft. Wenn Sie keine klaren Ziele vor Augen haben, werden Sie Schwierigkeiten haben, Ihre eigenen Bedürfnisse zu befriedigen.

Um sich selbst zu motivieren und Ihre Wünsche und Träume zu realisieren, ist es unerlässlich, sich die richtigen Ziele zu setzen. Wenn Sie beginnen, sich mit Ihren Lebenszielen zu beschäftigen, ist die Versuchung groß, gleich in allen Lebensbereichen etwas verändern zu wollen. Das kann nicht gelingen. Und die zwangsläufig damit verbundenen Misserfolge beeinträchtigen mit hoher Wahrscheinlichkeit Ihr Selbstwertgefühl. Werden Sie sich deshalb zuerst Ihrer Bedürfnisse bewusst und beschränken Sie sich auf die Dinge, die Ihnen wichtig sind. Je besser Sie Ihre wahren Bedürfnisse kennen, umso eher finden Sie geeignete Ziele, die starke Motivation und persönlichen Antrieb auslösen. Je mehr Begeisterung ein Ziel bei Ihnen hervorruft, desto größer ist die Wahrscheinlichkeit für Ihren Erfolg. Wenn Sie sich Ihrer Emotionen und Bedürfnisse bewusst sind, können Sie von Anfang an klare Bedingungen stellen. Dann wissen Ihre Gesprächspartner, woran sie bei Ihnen sind und unter welchen Bedingungen Sie bereit sind, sich überzeugen zu lassen oder einen Kompromiss einzugehen: Was ist für Sie verhandelbar und was nicht?

Wenn Sie mit anderen erfolgreich zusammenarbeiten möchten, müssen Sie Ihre Ziele offen und ehrlich mit ihnen kommunizieren. Können oder wollen Menschen nicht offen über ihre Ziele miteinander sprechen, führt dies zu Missverständnissen und im schlimmsten Fall zum Scheitern der Kommunikation: Die Beteiligten reden aneinander vorbei und müssen Missverständnisse klären, die sie durch klare Kommunikation vermieden hätten. Im schlimmsten Falle führt es zum Abbruch der Beziehung, wenn Sie etwa falsche Erwartungen wecken, die dann enttäuscht werden. Beim anderen entsteht das Gefühl, betrogen worden zu sein. Natürlich kommt es vor, dass eine Partei bewusst ihre Ziele weniger offen kommuniziert, um dies zu ihrem Vorteil zu nutzen oder strategisch flexibel zu bleiben. Wenn aber alle Beteiligten gemeinsame Interessen verfolgen und erfolgreich miteinander zusammenarbeiten wollen, sollten alle offen miteinander kommunizieren. Dazu ist es wichtig, dass Sie in der Lage sind, Grenzen zu ziehen, ohne dem anderen gegenüber respektlos zu werden.

Mit einem halbherzigen Ja erkaufen Sie sich eine kurze Atempause. Wenn Ihnen die Erledigung der übertragenen Aufgabe nicht gelingt, riskieren Sie jedoch, dass andere Sie für inkompetent oder unzuverlässig halten. Erledigen Sie die Aufgabe dagegen erfolgreich, kann das dazu führen, dass Sie wieder und wieder gefragt werden. Andere setzen Ihr Ja als selbstverständlich voraus.

▶ **Praxistipp**

Wenn es Ihnen schwerfällt, nein zu sagen, hilft Ihnen vielleicht die folgende Überlegung: Für jedes Ja, beziehungsweise jedes Mal, wenn Sie sich bereit erklären, für jemand anderen etwas zu erledigen, zahlen Sie einen Preis. Rufen Sie sich ins Gedächtnis, dass niemand immer zu Verfügung stehen kann! Es lohnt sich deshalb, kurz abzuwägen, ob Sie einer Bitte nachgehen oder Sie abweisen. Stellen Sie sich folgende Fragen:

- Was genau verlangen andere von Ihnen? Was sollen Sie tun?
- Möchten Sie das tun oder geben – oder ist es Ihnen vielleicht zuwider?
- Wie viel Zeit, Energie und Motivation haben Sie?
- Steht die Bitte im Konflikt mit anderen Aufgaben, die Sie erledigen müssen? Was muss eventuell darunter leiden oder zurücktreten, wenn Sie der Bitte nachkommen?
- Wer bittet Sie um einen Gefallen? Welche Bedeutung hat dieser Mensch für Sie? In welchem Verhältnis stehen Sie zueinander?
- Wie oft hat diese Person schon etwas für Sie getan? Und wie oft haben Sie schon etwas für diese Person getan? Und – wenn das schon öfter der Fall war – möchten Sie es tatsächlich noch einmal tun?

Erbitten Sie sich Bedenkzeit, bevor Sie eine wichtige Entscheidung treffen. Sie müssen nicht auf der Stelle ja oder nein sagen, auch wenn der andere das gerne möchte. Sagen Sie ruhig: „Ich muss darüber einen Moment nachdenken. Ich komme in fünf Minuten zu dir und sage dir Bescheid".

Oft sagen Personen vorschnell ja zu etwas, weil sie sich schlicht und einfach überrumpeln lassen. Anliegen und Bitten werden häufig „eben kurz" an Sie herangetragen. Bevor Sie sich versehen, haben Sie etwas zugesagt, was Sie Stunden kostet oder Ihnen keinen Spaß macht. Deshalb ist es hilfreich, sich einen kleinen Moment Zeit zu nehmen, um die Situation kurz zu analysieren.

2.4 Stehen Sie zu Ihrem Wort

Glaubwürdigkeit ist ein wichtiger Erfolgsfaktor für eine gute Zusammenarbeit. Dies gilt gleichermaßen für die Zusammenarbeit zwischen Unternehmen als auch für die Kooperation zwischen zwei Menschen. Die wichtigste Voraussetzung, um als vertrauensvoller Kooperationspartner zu gelten, ist somit, dass Sie zu Ihrem Wort stehen.

Wenn Sie Ihr Gegenüber nicht kennen oder ihm misstrauen, setzen Sie einen Vertrag auf, bevor Sie mit ihm zusammenarbeiten. Bei einer guten Kooperation unter Partnern oder Freunden benötigen Sie dagegen keinen Vertrag. Es gilt das gesprochene Wort. Sie erwarten, dass der andere auch ohne einen schriftlichen Vertrag seine Zusagen einhält. Dies setzt jedoch Vertrauen voraus, das sich nur langsam entwickelt. Eine Kooperation ist somit langfristig nur dann erfolgreich, wenn sich beide Seiten an ihre Zusagen halten.

Umgekehrt belastet kaum etwas eine Beziehung so sehr wie ein nicht gehaltenes Versprechen (vgl. Covey 2005, S. 213). Jedes Mal, wenn Sie ein Versprechen brechen, setzen Sie Ihre Glaubwürdigkeit aufs Spiel. Überlegen Sie sich darum im Vorfeld gut, was Sie jemanden versprechen und halten Sie sich mit leichtfertigen Zusagen zurück. Erklären Sie Ihrem Gegenüber die Lage ausführlich, falls Sie einmal ein Versprechen nicht halten können. Auf diese Weise gewinnen Sie wieder an Zuverlässigkeit. Andere verstehen, dass sie Ihnen glauben können, und Ihr Wort gewinnt an Gewicht.

Nur wer zu seinem Wort steht, gilt als vertrauenswürdig und ehrlich. Das bedeutet, dass Sie Ihre eigenen Versprechen ernst nehmen müssen. Indem Sie sich an Ihre Versprechen halten, beweisen Sie Ihren Mitmenschen, dass Sie sie ernst nehmen und sich um sie bemühen. Sie können deshalb erwarten, dass andere Sie ebenfalls korrekt behandeln. Wenn das nicht der Fall ist, wirkt sich dies meistens negativ auf die Atmosphäre aus. Darum tun Sie sich keinen Gefallen, wenn Sie Ihre Versprechen brechen. Auch dann nicht, wenn Sie sich dadurch kurzfristig lästigen Verpflichtungen entziehen können. Dabei geht es grundsätzlich darum, zuverlässig und ein im positiven Sinne berechenbarer Partner für andere zu sein. Dazu gehört mehr als nur das Einhalten von Versprechen. Vermeiden Sie undeutliche Äußerungen, die mehrere Interpretationen zulassen. Ihre Entscheidungen sollten für andere nachvollziehbar sein, zumindest soweit diese davon betroffen sind.

2.5   Schmücken Sie sich nicht mit fremden Federn

Die Redensart „Sich mit fremden Federn schmücken" geht auf eine römische Fabel zurück. Diese handelt von einer Krähe, die sich mit Pfauenfedern schmückt, um dafür Lob einzuheimsen. Die Fabel wurde im Laufe der Geschichte oft neu interpretiert. In der Version von Gotthold Ephraim Lessing nehmen die Pfauen der Krähe nicht nur die Pfauenfeder weg, sondern entdecken darunter die glänzenden Schwungfedern der Krähe. Sie glauben nicht, dass diese Federn der Krähe gehören und hacken weiter auf den Vogel ein, um ihm auch die Schwungfedern zu entreißen.

Nehmen Sie sich die Fabel zu Herzen und denken Sie an die möglichen Konsequenzen, falls Sie mal versucht sind, anderen eine Idee zu klauen oder aus bestehenden Werken abzuschreiben. Denn wenn Sie jemand einmal beim Betrug erwischt hat, wird er Ihnen so schnell nicht mehr glauben. Außerdem ist es nicht ratsam, geistiges Gedankengut anderer für Ihren eigenen Erfolg zu nutzen. Wenn Sie Ihren Kollegen regelmäßig deren Ideen klauen, erreichen Sie nur, dass diese Ihnen nichts mehr anvertrauen und sich bei der Teamarbeit zurückziehen. Darunter leidet das ganze Team – auch Sie. Außerdem können Sie nur neue Entdeckungen machen und Ihre eigenen Schlüsse ziehen, wenn Sie Zusammenhänge mit Ihren eigenen Worten wiedergeben.

Versetzen Sie sich zum Beispiel in folgende Situation: Ihre Vorgesetzte loben Sie, wie ausgezeichnet sich das neue System zur Evaluation der Unterlagen bewährt. Sie haben dieses zwar als erster eingesetzt, aber weder erdacht noch installiert. In dieser Situation ist es ein leichtes, das Lob dankend anzunehmen. Sie müssen für diese kleine Lüge aber in Kauf nehmen, dass Ihr Schwindel auffliegt oder andere in Erinnerung an Ihre vermeintlich außergewöhnliche Leistung eine ähnliche von Ihnen erwarten, die Sie nicht leisten können. Wenn Sie das falsche Lob klarstellen, machen Sie nicht nur Ihrem Kollegen eine Freude. Es ist eine Geste der Fairness und erlaubt Ihnen, in die Freude des anderen miteinzustimmen (vgl. Lorenzoni und Bernhard 2001, S. 156). Ein fälschlich erhaltenes Lob zurückzuweisen, zeugt somit nicht nur von Fairness gegenüber der Person, der das Lob tatsächlich gebührt, sondern beweist auch Größe.

Wer sich mit fremden Federn schmückt, der riskiert jedoch nicht nur seine Glaubwürdigkeit. Auch Ihre eigenen Leistungen werden eventuell infrage gestellt. Dadurch verlieren Sie die Grundlage für die weitere Zusammenarbeit. Denn es ist vor allem Ihre Glaubwürdigkeit, die Sie für mögliche Kooperationspartner interessant macht. Zudem verlieren Sie einen Teil Ihrer persönlichen Autorität, die Voraussetzung für erfolgreiche Führung ist. So hätte der ehemalige deutsche Verteidigungsminister Karl-Theodor zu Guttenberg eine Promotion für sein Amt nicht benötigt. Da er sich aber einen falschen Doktortitel angeeignet und alle anderen getäuscht hat, zählten seine eigenen Leistungen kaum noch.

Respektvoll miteinander kommunizieren

3

Ziel der zweiten Ebene der Respektkommunikation ist es, erfolgreich mit anderen zu kooperieren, andere positiv zu beeinflussen und das eigene Umfeld so zu verändern, dass Konflikte verhindert werden. Da sich gesellschaftliche Strukturen nur schwer ändern lassen, müssen Sie so kommunizieren, dass Sie Konflikte bereits im Vorfeld vermeiden – zum Beispiel durch Aufmerksamkeit oder eine klare und deutliche Sprache. Außerdem können Sie versuchen, in ihrem beruflichen oder persönlichen Umfeld Regeln zu schaffen, die den Ausbruch von Konflikten verhindern. Dabei ergeben sich jedoch mindestens drei Probleme:

- Die meisten Normen wie zum Beispiel Feedbackregeln oder Regeln der Etikette sind nicht allgemein anerkannt, sondern von Kultur zu Kultur unterschiedlich.
- Informelle Regeln lassen sich oft nur schwer beziehungsweise gar nicht durchsetzen, da es keine übergeordnete Instanz gibt, die über entsprechende Sanktionsmöglichkeiten verfügt.
- Die Möglichkeit zur Regelsetzung verführt dazu, tiefere Ursachen für Konflikte zu übersehen. So verstößt ein Kind, das regelmäßig zwischen den Mahlzeiten nascht, nicht unbedingt absichtlich gegen die Ordnung der Mahlzeiten. Vielleicht wird es hierzu motiviert, weil ihm das reguläre Essen nicht schmeckt oder weil es die reguläre Mahlzeit nicht verträgt.

Damit Sie die Rahmenbedingungen in Ihrem Interesse verändern können, müssen Sie zielgerichtet und erfolgreich kommunizieren, sodass sich eine neue Sichtweise, eine neue Beziehungsqualität oder eine neue gemeinsame Sprache entwickeln können. Dies setzt jedoch ein respektvolles Miteinander voraus. Mit der Entwicklung einer neuen Sprache entwickeln sich auch neue

S. Pastoors und H. Ebert, *Prinzipien der Respektkommunikation*, essentials,
https://doi.org/10.1007/978-3-658-26692-9_3

Sinnkonfigurationen. Häufig transportieren Sprachen und Kulturen aber auch Weltanschauungen und Stereotypen, die überwunden werden müssen, um Kooperation zu ermöglichen, wie das folgende Beispiel zeigt:

Fallbeispiel: Die Verwandlung der Gefängnisinsel Robben Island in die „Mandela University"

Der südafrikanische Linguist und Mitstreiter von Nelson Mandela, Neville Alexander (1936–2012), wurde 1963 wegen ‚Hochverrats' zu zehn Jahren Gefängnis verhaftet, die er zusammen mit Nelson Mandela auf der berüchtigten Gefängnisinsel Robben Island verbüßte. Die Häftlinge nutzten die Zeit zur eigenen Fortbildung und – so berichtet Alexander – wir lernten „von den Gefängniswärtern, die auf uns aufpassen sollten, dass wir diese Leute befreien konnten. Wir haben uns darangemacht, das Gefängnis in eine Art Universität zu verwandeln, wo alle studierten. Wir haben den Wärtern geholfen, ihre Prüfungen zu bestehen. Für mich war das ein Beispiel dafür, wie wir helfen können, die Unterdrücker zu befreien – ganz praktisch" (Richter 2006, S. 266).

In diesem Beispiel konnten die Gefangenen die Konfliktursache (Apartheid) nicht unmittelbar beseitigen. Es gelang ihnen aber, die Machtverhältnisse innerhalb des Gefängnisses dadurch neu zu rahmen, dass aus Wärtern Schüler und aus Insassen Dozenten wurden: Die „Häftlinge" unterstützten die Gefängniswärter darin, ein Ziel zu erreichen (Qualifizierung), das diese auf sich selbst gestellt nicht oder mit weniger Erfolg erreicht hätten. Auf diese Weise ist es den Gefängnisinsassen gelungen, ihre Umwelt vom Gefängnis in eine Schule, die sog. ‚Mandela University', zu verwandeln.

3.1 Achten Sie die Meinung anderer

Jeder Mensch möchte, dass andere seine Meinung ernst nehmen und achten. Dennoch fällt es vielen Menschen schwer, die Meinung anderer zu akzeptieren. In den letzten Jahren ist der Umgangston in vielen Bereichen rauer geworden. Dies gilt nicht nur für politische Auseinandersetzungen, sondern auch für viele andere Bereiche des täglichen Lebens wie den Straßenverkehr oder soziale Medien. Vor allem in sozialen Netzwerken oder den Kommentarspalten von Nachrichtenportalen schlagen den Nutzern Hasskommentare und Beleidigungen entgegen. Dieses Verhalten gefährdet jedoch auf Dauer den Zusammenhalt einer Gemeinschaft. Denn die Fähigkeit, seine eigene Meinung kritisch zu hinterfragen und respektvoll zu formulieren, ist entscheidend, um bei Meinungsverschiedenheiten eine respektvolle und konstruktive Kommunikation aufrecht zu erhalten.

Dem anderen zuzuhören und offen auf dessen Meinung einzugehen, sind wichtige Voraussetzungen für eine erfolgreiche Kommunikation. Dies ist nicht immer ganz so einfach, vor allem, wenn andere Sie mit Meinungen konfrontieren, die Ihrem eigenen Weltbild widersprechen.

Was ist eine Meinung?
Eine Meinung gibt ein persönliches Werturteil wieder. Jeder Mensch hat das Recht, seine Meinung frei zu äußern. Das wesentliche Merkmal der Meinung besteht darin, dass sie sich nicht überprüfen lässt. Es gibt somit weder „richtige" noch „falsche" Meinungen. Das unterscheidet die Meinung von Fakten. Die Feststellung „Sie sind 10 Minuten zu spät", lässtsich überprüfen. Es handelt sich also um eine Tatsachenbehauptung. Wer vermeintliche „Fakten" verbreitet, die eindeutig widerlegt werden können, kann sich somit nicht auf Meinungsfreiheit berufen.

Die Aussage „das Verhalten meines Nachbarn ist respektlos", hängt dagegen von der eigenen Perspektive ab. Was eine Person für respektvoll hält, beruht auf deren persönlichen Weltbild. Andere Menschen können zu einem anderen Urteil kommen. Es handelt sich somit um eine Meinungsäußerung. Doch auch die Meinungsfreiheit hat Grenzen. Wenn es einer Person nur darum geht, die Würde eines anderen Menschen zu verletzen, ist dies keine persönliche Meinung, sondern eine Beleidigung. Dies gilt nicht nur für einzelne Personen: Wer bewusst gegen eine Gruppe Stimmung macht, um die Würde ihrer Mitglieder zu verletzen, macht sich der Diskriminierung oder sogar der Volksverhetzung schuldig. Dies ist der Fall, wenn eine Person entweder andere zu Gewalt gegen eine bestimmte Gruppe anstachelt oder den Menschen einer Gruppe die Menschenwürde abspricht (vgl. Kitz 2016).

Um respektvoll mit der Meinung anderer umgehen zu können, müssen Sie eine kritische oder distanzierte Haltung zu Ihrer eigenen Meinung entwickeln. Das bedeutet weder, dass Sie keine eigene Meinung haben dürfen, noch, dass Sie Ihre Meinung nicht äußern dürfen. Sie sollten sich aber bemühen, die stillschweigenden Prämissen hinter der eigenen und der fremden Meinung zu entdecken.

Gehen Sie nicht davon aus, dass Sie Ihren Freunden einen Dienst erweisen, wenn Sie ihnen Ihre Meinung direkt ins Gesicht sagen. Fragen Sie lieber, bevor Sie Ihre Meinung kundtun. In diesem Fall müssen Sie auch ein „Nein" akzeptieren. Bedenken Sie außerdem, dass Ihre Meinung nicht immer wichtig oder qualifiziert ist. Ihre Wahrnehmung von anderen Personen kann oberflächlich und falsch sein – selbst wenn es sich um Menschen handelt, von denen Sie glauben, dass Sie sie gut kennen (vgl. Glass 2005, S. 345).

Bevor Sie also Ihre (negative) Meinung zu einem Thema äußern, fragen Sie sich selbst: Ist es sinnvoll zu riskieren, jemanden vor den Kopf zu stoßen? Fragen

Sie sich, ob Sie eine Person gut genug kennen, um zu den Angelegenheiten der betreffenden Person etwas zu sagen. Stellen Sie sich vor, ein Bekannter teilt Ihnen mit, dass er einen bestimmten Beruf ergreifen möchte und Sie können sich diesen Bekannten nicht in diesem Beruf vorstellen. Steht es Ihnen dann zu, ihm das so zu sagen und seine Ambitionen zu dämpfen? Bedenken Sie, dass das Bild, das Sie von ihm haben, vielleicht nicht richtig oder vollständig ist. Kennen Sie seine Talente und Fähigkeiten so genau? Können Sie vorhersagen, welches Potenzial in ihm steckt? Und wer weiß, ob das Bild, das *Sie* von seinem Wunschberuf haben, korrekt ist.

3.2   Kommunizieren Sie offen und ehrlich

Lügen gehört zur menschlichen Natur. Im Rahmen einer Studie, bei der sich zwei Versuchsteilnehmer einander vorstellen sollten, die sich vorher noch nie gesehen hatten, log jeder der Teilnehmer innerhalb von zehn Minuten im Schnitt dreimal (vgl. Feldmann 2012, S. 10). Aber warum lügen Menschen so häufig, selbst gegenüber Fremden, die sie wahrscheinlich nie wiedersehen werden? Nicht alle Lügen werden kalkuliert eingesetzt, um sich selbst einen Vorteil zu schaffen oder anderen zu schaden. Auch wenn solche Motive eine Rolle spielen können, sind die Beweggründe für das Lügen vielschichtiger. Oft lügen Menschen aus Höflichkeit oder um der Gemeinschaft willen: Sie möchten Gemeinschaft mit anderen herstellen, die Gemeinschaft nicht gefährden oder als Teil der Gemeinschaft akzeptiert werden.

Damit eine Gemeinschaft funktioniert, müssen alle Mitglieder ihre Normen einhalten. So entspricht es zum Beispiel kulturellen Normen, sich beim Grüßen freundlich und am Grab bedrückt zu geben. Auch die Normen einzelner Gruppen, zum Beispiel der Familie, am Arbeitsplatz oder im Verein gehören dazu. Wenn andere solche Täuschungen bemerken, nehmen sie diese normalerweise als Höflichkeitsgeste oder Demonstration guten Willens wahr. Jede beliebige Person bei jeder passenden oder unpassenden Gelegenheit mit den wahren Gefühlen zu konfrontieren, wäre rücksichts- und respektlos. Gemeinschaft beruht auf Gemeinsamkeiten. Um eine Beziehung zu anderen aufzubauen oder aufrecht zu erhalten, betonen Menschen die Gemeinsamkeiten und versuchen, Konflikte oder Meinungsverschiedenheiten möglichst zu vermeiden.

Lügen können außerdem dazu dienen, ein Gespräch aufrechtzuerhalten. Indem Sie vorgeben, sich mehr für ein Thema zu interessieren, als dies tatsächlich der Fall ist, können Sie verhindern, dass das Gespräch abbricht. Das Gegenteil ist auch möglich: Sie stellen sich dümmer als Sie sind, um Ihrem Gesprächspartner mehr Fragen stellen zu können und ihm so ein gutes Gefühl zu vermitteln.

Falsche Komplimente funktionieren auf dieselbe Weise. Manchmal machen Menschen anderen Personen Komplimente zu Dingen, Handlungen oder Eigenschaften, die sie vielleicht gar nicht so besonders an ihnen schätzen. Aber sie hoffen, der anderen Person auf diese Weise zu gefallen – manchmal provoziert die so geschmeichelte Person die falschen Komplimente ja auch selber (vgl. Feldmann 2012, S. 19, 24, 61).

3.3 Hören Sie aufmerksam zu

Aufmerksames Zuhören ist gerade in komplexen Situationen wichtig, vor allem, wenn persönliche Interessen und dementsprechend auch Emotionen mit im Spiel sind. Wenn Komplexität, Relevanz und Gefühl zusammenkommen, wird Kommunikation schnell störanfällig. Dann ist aufmerksames Zuhören umso wichtiger. Lassen Sie den anderen ausreden, und stellen Sie gegebenenfalls auch Verständnisfragen. Das ist nicht nur ein Zeichen von Respekt, sondern erhöht auch das Selbstwertgefühl des anderen.

Egal, wie gut Sie jemanden kennen, Sie können nicht erraten, was er denkt oder wie er etwas meint. Vermeiden Sie es deshalb, das Verhalten anderer über zu interpretieren. Die Wahrscheinlichkeit, dass Sie dabei falsch liegen, ist groß. Dies kann schnell dazu führen, dass Sie das Verhalten anderer auf sich zu beziehen, ohne zu wissen, ob es tatsächlich so gemeint war – zum Beispiel aus Unsicherheit oder Angst, etwas falsch gemacht zu haben. Versuchen Sie deshalb, den anderen besser zu verstehen.

Fragen Sie lieber nach, wenn Sie sich in einer Situation nicht sicher sind. Nur wenn Sie anderen Fragen stellen und ihnen die Gelegenheit geben, ihr Verhalten, ihre Äußerungen oder ihre Entscheidungen zu erklären, lernen Sie andere besser kennen. So können Sie aktuelle Missverständnisse klären und ähnliche Missverständnisse in Zukunft vermeiden.

Vorteile von Fragen

- Mithilfe von Fragen zeigen Sie, dass Sie sich für den anderen interessieren und dass Ihnen seine Meinung wichtig ist. Jede Frage zeigt Anerkennung und Respekt für den anderen. Auf diese Weise bauen Sie eine Brücke zu Ihrem Gegenüber. Die positiven Signale von Fragen verbessern die Beziehungsebene und verhindern, dass Sie aneinander vorbeireden.
- Fragen geben Anreize zum Nachdenken und beheben auf diese Weise Denkblockaden.

- Durch Fragen können Sie die Informationen des Gesprächspartners überprüfen und frühzeitig Missverständnisse erkennen.
- Sie erkennen Vorbehalte des anderen, ehe dieser verärgert ist, falls Ihre Informationen ihn angreifen.
- Sie erfahren, welche Argumente Ihr Gegenüber eventuell noch zurückhält.
- Wollen Sie jemanden zu etwas bewegen, können Sie mithilfe von Fragen erkennen, ob Ihr Angebot für ihn attraktiv ist. Dies ermöglicht es Ihnen, aus verschiedenen möglichen Angeboten das passende auszuwählen.
- Mithilfe von Fragen führen Sie den anderen gedanklich dahin, wo Sie ihn gerne haben wollen. Damit ersparen Sie sich lange Erzählungen, die oft nur schwer zu bremsen sind (vgl. Birkenbihl 2007, S. 150 f.).

Vor allem, wenn andere Ihnen Feedback geben möchten, sollten Sie aufmerksam zuhören und falls nötig Rückfragen stellen. Kritikfähigkeit ist eine zentrale Voraussetzung für produktives Zusammenarbeiten. Feedback-Situationen sind oft heikel, da niemand gerne in seinem Selbstbild korrigiert wird. Zudem haben viele Menschen Schwierigkeiten damit, Verbesserungsvorschläge offen anzusprechen.

Sowohl im Beruf als auch im Privatleben ist es manchmal wichtig, andere auf Fehler hinzuweisen bzw. anderen mitzuteilen, was einem gut oder weniger gut an deren Verhalten gefällt. Solche Rückmeldungen werden als Feedback bezeichnet. Gleichzeitig beschreibt der Begriff „Feedback" die Technik, anderen zu sagen, wie andere sie sehen beziehungsweise zu erfahren, wie andere einen selbst sehen. Die Feedback-Empfänger lernen auf diese Weise, wie sie auf andere wirken und sehen, was ihr Verhalten bei anderen auslöst.

3.4 Geben Sie anderen die Möglichkeit, ihr Gesicht zu wahren

Beim persönlichen Umgang ist es wichtig, das Gesicht des Gegenübers zu wahren – mit anderen Worten: ihn nicht bloß zu stellen. Ein Gesichtsverlust kann die Kommunikation nachhaltig beeinträchtigen oder sogar zu ihrem Abbruch führen. Wer sein Gesicht verliert – sei es, weil er sich selbst blamiert oder andere ihn bloßstellen – dem wird bewusst beziehungsweise der befürchtet, dass andere ein schlechtes Bild von ihm haben (vgl. Springorum 2003, S. 88).

Ein Gesichtsverlust erzeugt häufig starke Schamgefühle. Diese sind selten produktiv, sondern führen eher zu Abwehrreaktionen und verschlechtern langfristig die physische und psychische Gesundheit der Betroffenen (vgl. Marks 2011). Scham ist ein Gefühl, das nicht auf einem objektiven Grund basieren muss. Eine Person, die sich schämt, ist weniger der Meinung, dass sie einen Fehler *gemacht* hat, als dass sie der Fehler *ist* (vgl. ebd., S. 51 f.). Das ist der Grund, warum Menschen starke Schutzmechanismen entwickelt haben, um Scham abzuwehren. Eine Strategie besteht darin, sich zu verstecken und die persönlichen Gefühle, Interessen und Ziele hinter einer Maske zu verbergen. Andere übertragen ihre negativen Gefühle auf andere Menschen, indem sie entweder Eigenschaften, für die sie sich schämen, auf andere projizieren, oder indem sie andere beschämen, um sich auf deren Kosten besser fühlen zu können. Zyniker und Pessimisten haben sich eine negative Lebenseinstellung angewöhnt, die dafür sorgt, dass andere sie nicht mehr enttäuschen. Wiederum andere reagieren offen aggressiv oder treten lieber die Flucht an (vgl. ebd., S. 73 f.). Umso wichtiger ist es, anderen die Möglichkeit zu geben, ihr Gesicht zu wahren. Auf diese Weise können sich die Kommunikation und die Zusammenarbeit für alle Beteiligten positiv entwickeln.

Die Gefahr, das Gesicht zu verlieren, ist besonders groß, wenn Sie einen Fehler gemacht haben oder wenn eine andere Person eine Ihrer Schwächen bloßstellt. Nehmen Sie deshalb umgekehrt auch auf andere Rücksicht, denen ein Missgeschick passiert (vgl. Lorenzoni und Bernhard 2001, S. 125). Gehen Sie diskret mit den Fehlern und Schwächen anderer um, und bieten Sie ihnen, wenn möglich und nötig, Ihre Hilfe an. Ob der andere seine Schwächen ansprechen will, bleibt ihm selbst überlassen (vgl. ebd., S. 133).

3.5 Spenden Sie Ihren Mitmenschen Anerkennung

Anerkennung ist ein menschliches Grundbedürfnis. Sie ist zudem eine Voraussetzung für das Reifen der Persönlichkeit und das Hineinwachsen in die Gesellschaft. Dabei wird zwischen drei Grundformen der Anerkennung unterschieden (vgl. Honneth 2013):

- Die Anerkennung des Menschen in Form von Fürsorge und Liebe, die einem ermöglicht, Selbstvertrauen zu entwickeln.
- Die rechtliche Anerkennung, die Menschen dazu bringt, sich wechselseitig als gleichgestellte Personen mit denselben Rechtsansprüchen wahrzunehmen und anzuerkennen.
- Soziale Anerkennung, die Menschen sowohl im Hinblick auf ihre Person als auch im Hinblick auf ihre Fähigkeiten, Begabungen und Handlungen erfahren: „Wir erwarten als autonome Personen für uns selbst dieselbe Art von Respekt von allen anderen, die wir ihnen unsererseits entgegenbringen." (vgl. Honneth 2013)

Jeder Mensch wünscht sich von seinen Mitmenschen Anerkennung – sowohl für seine Leistungen als auch für seine Person. Je sicherer sich ein Mensch der Befriedigung seiner materiellen Grundbedürfnisse ist, desto wichtiger ist für ihn die persönliche Anerkennung (vgl. Birkenbihl 2007, S. 140). Schenken Sie Ihren Mitmenschen deshalb aufrichtige Anerkennung, denn Anerkennung motiviert. Anerkennung für gute Leistungen spornt dazu an, diese Leistungen aufrecht zu erhalten oder sogar noch zu verbessern. Kritik an schlechten Leistungen wird zwar meistens mit dem Ziel ausgesprochen, dass der Kritisierte seine Leistungen verbessert, bewirkt aber eher das Gegenteil, denn Kritik lähmt (vgl. Carnegie 2000, S. 59). Wenn Sie Ihren Mitmenschen dagegen signalisieren, dass Sie Vertrauen in ihre Begabungen und Fähigkeiten haben, dann ist es genau dieser Vertrauensvorschuss beziehungsweise die Anerkennung, die Ihre Mitmenschen motiviert, ihre Begabungen und Fähigkeiten zu entwickeln.

Wenn Sie anderen Menschen nicht die Anerkennung schenken, die ihnen zusteht, sinkt nicht nur deren Motivation, sondern es verschlechtert sich auch das Bild, das diese von Ihnen haben. Damit sinkt die Achtung, die andere Ihnen entgegenbringen. Dies gilt nicht nur für das Privat-, sondern auch für das Geschäftsleben. Die Verbundenheit eines Mitarbeiters mit seinem Betrieb hängt stark von den Führungsqualitäten des Vorgesetzten ab. Wer sich von seinen Vorgesetzten nicht geachtet fühlt, nutzt die nächstbeste Chance, um das Unternehmen zu verlassen.

Achten Sie außerdem darauf, wen Sie wie oft loben. Seltene Ereignisse – oder Leistungen – ernten oft viel mehr Beachtung und Applaus als solche, die permanent zuverlässig erbracht werden. Wenn Sie aber die Leistungen zuverlässiger Personen als Selbstverständlichkeit behandeln, senken Sie auf Dauer deren Motivation, gute Leistungen zu erbringen (vgl. Carnegie 2000, S. 146). Im schlimmsten Falle kann ungerechte Behandlung dazu führen, dass zuverlässige Mitarbeiter verbittert werden und das Handtuch werfen.

Eine besondere Form der Anerkennung ist der Dank. Dank spielt eine wichtige Rolle für das Zusammenleben und Zusammenarbeiten von Menschen:

- Dank beweist und erneuert die Kooperationsbereitschaft der Betroffenen.
- Dank hat positive Auswirkungen auf die Psyche sowie auf das soziale Miteinander.
- Wer Dank empfängt, fühlt sich als Individuum ernst genommen. Er weiß, dass andere seine Leistung beziehungsweise seinen Beitrag wahrnehmen und schätzen.
- Dank steigert das Gefühl an sozialer Sicherheit. Er verstärkt Ihr Gefühl der Zugehörigkeit, wenn Sie etwas getan haben, was andere Ihnen danken.

- Zudem wächst die Überzeugung, dass Sie den richtigen Partner – privat oder geschäftlich – gewählt haben. Denn das Wort „danken" stammt vom Verb „denken" ab: Wer seinem Mitmenschen dankt, denkt an ihn.

Darüber hinaus kann Dank wertvolles Feedback enthalten, zum Beispiel, wenn Kunden sagen, was ihnen an Ihrer Leistung gut gefallen hat. Generell bedeutet Dank, dass sich jemand bemüht, seine Wertschätzung für die erhaltene Hilfe, ein Geschenk etc. zum Ausdruck zu bringen.

Aber nicht nur derjenige, der Dank empfängt, profitiert davon, sondern auch derjenige, der sich bedankt. Er hebt sich positiv von anderen Menschen ab, die es nicht wichtig finden, sich zu bedanken, dies vergessen oder denen dies einfach schwerfällt. Eine Person, die sich bedankt, nehmen andere als sympathisch wahr. Neben dem Wohlbefinden der beteiligten Individuen kann eine Dankeshandlung auch deren Kommunikation verbessern, indem sie neue Kommunikationswege eröffnet. Wenn die Stimmung angespannt ist, trägt Dank zudem zur Entspannung der Situation bei (vgl. Gross 2003, S. 20–22).

▶ **Praxistipp**
Anlässe, sich zu bedanken, gibt es genug: der gewährte Termin, die geschenkte Zeit, der freundliche Empfang, wertvolle Informationen, Ideen, Ratschläge, Wohlwollen, Vertrauen etc. Aber wie bedanken Sie sich richtig?

- Bedanken Sie sich persönlich und zügig. Lassen Sie nicht zu viel Zeit verstreichen, bevor Sie sich bedanken. Empfänger von Spenden sollten sich deshalb so schnell wie möglich bedanken. Schon ein um wenige Tage verzögerter Dank können Spender als Desinteresse auffassen.
- Gestalten Sie den Dank individuell, wenn Sie sich bei jemandem bedanken, den Sie besser kennen.
- Konzentrieren Sie sich auf Ihren Dank. Vermischen Sie ihn nicht mit anderen Themen, sondern räumen Sie dem Dank, beziehungsweise der Person, bei der Sie sich bedanken, die nötige Aufmerksamkeit ein.
- Verzichten Sie als Dankempfänger auf Phrasen wie „Das wäre doch nicht nötig gewesen." Dieser Ausspruch soll zwar die besondere Überraschung oder Dankbarkeit ausdrücken, aber er kann dem Empfänger auch das Gefühl geben, dass sein Einsatz überflüssig war (vgl. Gross 2003, S. 20–22).

- Wenn Sie mehreren Personen etwas verdanken, bedanken Sie sich bei allen, auch wenn es viele sind. Kennedy zum Beispiel bedankte sich im Wahlkampf bei allen, die zu seinen Tee-Einladungen kamen, indem er ihnen Dankesbriefe schrieb (vgl. Barnes 2005, S. 37).
- Dankesschreiben sind eine Investition in gute Beziehungen. Dies gilt vor allem für die Empfänger von Spenden. Die mit dem Dank verbundene soziale Anerkennung ist für viele Spender das eigentliche „Produkt". Aber auch ein Kunde, der sich für ein Produkt entschieden hat, freut sich über einen Dank, der die Richtigkeit seiner Entscheidung bestätigt.

Sich integrieren 4

Ziel der dritten Ebene ist es, sich so gut wie möglich in eine Gruppe, Organisation oder Gesellschaft zu integrieren, um Konflikte im Vorfeld zu vermeiden. Wenn sich das Umfeld nicht entsprechend der eigenen Vorstellungen verändern lässt, können Menschen ihr Verhalten so anpassen, dass sie anderen keinen Anlass zu einem Konflikt bieten. Hierzu vermeiden sie alle Punkte, die ihre Mitmenschen provozieren könnten. Falls Sie beruflich oder privat von einer einzelnen Person oder Gruppe abhängig sind, sollten Sie versuchen, sich den bestehenden Umständen so gut wie möglich anzupassen. Es geht hierbei darum, das vorhandene Potenzial, welches eine Situation beziehungsweise eine Umwelt bietet, besser auszuschöpfen, indem Sie sich möglichst gut an dieses Umfeld anpassen.

Primäres Ziel der aktiven Anpassung ist es, Konflikte durch Anpassung bereits im Vorfeld zu vermeiden und die Eskalation von Konflikten zu verhindern. Um dieses primäre Ziel zu erreichen, sind unterschiedliche Wege denkbar:

- Sie können sich selbst verändern, beziehungsweise sich auf die Normen und Denkweise einstellen, die das Handeln der anderen bestimmen.
- Sie unterscheiden sorgfältig die Kommunikationsebenen in den eigenen Gesprächsbeiträgen (Sach-, Beziehungs-, Meta-Ebene), setzen entsprechende sprachliche Mittel ein und bestehen auf eine klare Definition der verwendeten Begriffe.
- Sie können die Zugehörigkeit zu einer Gruppe aktiv betonen und darauf achten, gute Beziehungen zu einzelnen Personen des Umfelds zu entwickeln, um nicht in einen Konflikt hineingezogen zu werden.
- Wenn dies alles nichts hilft, bleibt Ihnen als letztes Mittel nur der Rückzug aus der Gruppe. Die Konfliktvermeidungsstrategie ist deshalb sinnvoll, weil sich Gruppenstrukturen oder gar gesellschaftliche Strukturen nur schwer ändern lassen.

© Springer Fachmedien Wiesbaden GmbH, ein Teil von Springer Nature 2019 25
S. Pastoors und H. Ebert, *Prinzipien der Respektkommunikation,* essentials,
https://doi.org/10.1007/978-3-658-26692-9_4

Ein weiteres Ziel der aktiven Anpassung ist es, das vorhandene Potenzial durch eine möglichst gute Anpassung an das eigene Umfeld besser auszuschöpfen und gute Beziehungen zu den Personen in Ihrem Umfeld zu schaffen.

4.1   Beachten Sie die Codes und Normen Ihrer Mitmenschen

Die Regeln und Normen einer Gesellschaft zu beachten, ist eine zentrale Voraussetzung für ein respektvolles Miteinander. In jeder Gesellschaft gibt es feste Regeln, die jedes ihrer Mitglieder beachten muss und von denen erwartet wird, dass auch neue Mitglieder oder Besucher sie respektieren. Respekt und Höflichkeit geben den Mitgliedern einer Gesellschaft Verhaltensregeln an die Hand, an denen sie sich orientieren können. Zwar gelten für unterschiedliche Personen und unter unterschiedlichen Bedingungen unterschiedliche Regeln, dennoch bieten diese gesellschaftlichen Normen den kleinsten gemeinsamen Nenner für das gemeinsame Miteinander.

Eine wichtige Voraussetzung für das Gelingen einer Kommunikation ist die Fähigkeit zur sozialen Selbst- und Fremdwahrnehmung. Dazu ist es wichtig, für die Normen der anderen sensibel zu sein. Die meisten Menschen befolgen diese Normen unbewusst. Diese werden ihnen erst bewusst, wenn eine dieser Normen verletzt wird. Beobachten Sie deshalb erst einmal alles genau, wenn Sie in einer Gruppe oder Organisation neu hinzukommen, damit Sie sich den neuen Gepflogenheiten anpassen können. Fragen Sie einfach nach, falls die offiziellen Normen, wie etwa die Kleiderordnung oder die Erwartungen, die mit einer bestimmten Position verbunden sind, nicht offen kommuniziert werden.

Ein wesentliches Motiv, die Normen anderer kennenzulernen, ist der Wunsch, Anschluss zu finden: Sie möchten gerne dazu gehören oder sich nicht als Außenseiter fühlen beziehungsweise als solcher erkannt werden. Dazu ist es wichtig, Kontakt mit anderen Mitgliedern einer Gesellschaft herzustellen und zu erkennen, was diesen wichtig ist (vgl. Barnes 2005, S. 73).

Viele Menschen bemühen sich nicht oder nur unzureichend, mehr über die Menschen, die ihnen wichtig sind, herauszufinden. Sie halten wenige Informationen für ausreichend oder glauben, schon alles über sie zu wissen. Fragen Sie sich: „Was ist dem anderen wichtig?" Auf diese Weise wird es für Sie einfacher, neue Ideen und Gewohnheiten anderer zu erkennen und zu akzeptieren.

4.2   Respektieren Sie andere Kulturen

Die Umgangsformen sind von Kultur zu Kultur verschieden. In allen sozialen Gruppen und Gesellschaften gelten andere Regeln und Maßstäbe, was als höflich gilt und was nicht. Daher kommt es gelegentlich zu Missverständnissen, wenn unterschiedliche Kulturen aufeinandertreffen. Beachten Sie deshalb die unterschiedlichen Denkweisen Ihrer Partner. Falls Sie diese nicht rechtzeitig erkennen, entstehen Missverständnisse, die letztendlich bis zum Scheitern der (Geschäfts-) Beziehungen führen können. Übertragen Sie deshalb nicht die Normen, Codes oder Regeln einer Person, Gruppe oder Gesellschaft bedenkenlos auf eine andere.

Andererseits können Sie andere Menschen nur kennenlernen, wenn Sie offen auf sie zugehen. Dazu gehört die Bereitschaft, kommunikative Risiken (des Scheiterns) einzugehen. Nur wenn es Ihnen gelingt, aufeinander zuzugehen und einander zu verstehen, sind Sie in der Lage, Gemeinsamkeiten zu schaffen.

Die Art, wie sich Leute begrüßen, Visitenkarten austauschen, miteinander essen oder sich wieder verabschieden, ist von Land zu Land, von Region zu Region und sogar von Gruppe zu Gruppe unterschiedlich. Auch wenn Ihnen Ihre Mitmenschen nicht jede einzelne Abweichung von diesen Umgangsformen negativ auslegen, können Sie punkten, wenn Sie die örtlichen Gepflogenheiten beachten. Beobachten Sie einfach, wie die Menschen in anderen Kulturen miteinander umgehen. Wenn Sie mit diesen Verhaltensweisen zurechtkommen und dies auch mit Ihren Werten vereinbaren können, können Sie diese ruhigen Gewissens übernehmen. Dabei sollten Sie sich jedoch nicht verrenken. Für einen respektvollen Umgang mit den Mitgliedern anderer Kulturen brauchen Sie Ihre eigene Persönlichkeit nicht aufzugeben. Verbiegen Sie sich zu sehr, wirkt es unecht und aufgesetzt.

Jede Kultur besitzt eine eigene Tradition des Sprechens. Wer sich dessen nicht bewusst ist, riskiert, das andere ihn falsch verstehen. Gerade im Fall von Höflichkeit und Takt können Missverständnisse schnell zu Konflikten führen, wenn verschiedene kulturelle Vorstellungen aufeinandertreffen. Auch der Sinn für Humor ist von Kultur zu Kultur unterschiedlich. Sarkasmus und Witze bereichern zwar viele Gespräche. Beim ersten Kennenlernen können sie jedoch schnell nach hinten losgehen. Wenn Sie Witze machen, denken Sie darüber nach, ob Ihr Gegenüber diese auch versteht. Machen Sie sich nicht darüber lustig, wenn Ihr gegenüber etwas nicht versteht. Sie haben Ihre Sprachkenntnisse auch über Jahre erworben.

4.3   Respektieren Sie Ihr Gegenüber

Der respektvolle Umgang mit Personen, deren Lebensbedingungen einem selbst nicht vertraut sind, erfordert viel Fingerspitzengefühl und Einfühlungsvermögen. In seinem Buch „Respekt im Zeitalter der Ungleichheit" beschreibt Richard Sennett das schwierige Verhältnis zwischen den armen Einwohnern eines heruntergekommenen Stadtviertels und den Sozialarbeitern aus der Mittelschicht, deren Aufgabe es war, sich um die Einwohner des Viertels zu kümmern. Er erzählt, dass die Sozialarbeiterinnen zuerst eher kalt auf ihn wirkten, zumal sie sich, wenn sie von ihrer Arbeit berichteten, häufig ihrer Fachsprache bedienten, anstatt, wie er anfänglich erwartet hatte, mütterlich zu zeigen. Erst auf den zweiten Blick erkannte er, dass das, was er als Kälte interpretierte, eine respektvolle und professionelle Distanz war (vgl. Sennett 2002, S. 34 f.):

Zurückhaltung als ein Zeichen der Achtung

„Wenn jemand sein Leben den Armen widmet, kann Mildtätigkeit leicht verletzend werden und Mitleid in Verachtung umschlagen, zwischen Mitgefühl und Ungleichheit besteht ein enger Zusammenhang. Vielleicht müssen Gefühle zurückgedrängt werden, wenn Mitgefühl wirksam werden soll; vielleicht muss man den anderen mit einer gewissen Kühle behandeln. Wer als der Stärkere die Grenze der Ungleichheit überschreitet, sollte möglicherweise Zurückhaltung üben. Zurückhaltung bedeutet Anerkennung der Schwierigkeit, und Distanz wäre ein – wenn auch ein recht eigenartiges – Zeichen der Achtung." (Quelle: Sennett 2002, S. 34 f.)

In der westlichen Kultur besitzen Vernunft und vernunftorientiertes Handeln einen hohen Stellenwert. Mit Rationalität verbinden Menschen weitere positive Werte wie Entschlusskraft, Professionalität oder Objektivität. Nur rationale Entscheidungen oder Motive gelten als gut. Emotionen hingegen sind oft negativ besetzt (Küpers und Weibler 2005, S. 27 f.) und gelten als Zeichen der Schwäche, Unvernunft – und vor allem als schlechte Entscheidungsbasis. Das negative Bild, das viele Menschen von Emotionen haben, führt dazu, dass sie häufig ihre Gefühle missachten. Das schadet ihnen, sowohl beruflich als auch privat, da Emotionen einen wichtigen Teil des Mensch-Seins ausmachen. Wissenschaftliche Untersuchungen belegen, dass Emotionen die wichtigste Grundlage menschlichen Handelns sowie von Veränderungs-, Entscheidungs- und Lernprozessen sind (vgl. Bergler 1997, S. 119 f.).

Emotionen setzen die Energie frei, die Menschen brauchen, um zu handeln. Emotionen spielen auch beim Lernprozess eine wichtige Rolle. Das Glückshormon Dopamin trägt einen wesentlichen Teil zum eigenen Lernerfolg bei. Ohne Dopamin ist Lernen nicht möglich, denn es sorgt entscheidend dafür, dass Neues mit Altem verbunden wird. Nur auf diese Weise können Menschen Zusammenhänge verstehen und behalten (vgl. Reins 2006, S. 52). Dies gilt ebenso, wenn Sie möchten, dass jemand seine Meinung ändert. Niemand lässt sich gern vorschreiben, wie er zu denken oder zu handeln hat. Druck führt dazu, dass Menschen noch stärker an ihren alten Denk- und Handlungsweisen festhalten (vgl. Carnegie 2000, S. 181).

4.4   Vermeiden Sie Verallgemeinerungen

Sowohl im Beruf als auch im Privatleben schließen Menschen regelmäßig von sich auf andere. Sie legen ihre eigenen Erfahrungen zugrunde, wenn sie andere Menschen oder deren Verhalten beurteilen. Dabei vergessen sie schnell, dass andere Menschen andere Erfahrungen gemacht haben, die sie zu einer anderen Sichtweise führen. Auf diese Weise projizieren sie ihre Absichten auf das Verhalten anderer Menschen. Sie unterstellen ihnen somit, dass diese mit ihrem Handeln genau das beabsichtigen, was sie von ihnen erwarten.

Der ständige Kontakt mit Gleichgesinnten im Beruf oder im Freundeskreis verführt Menschen zu der Annahme, alle oder zumindest die Mehrheit der Menschen hätten die gleiche Sicht auf ein Problem wie sie. Dabei übersehen sie, welches Wissen oder welche Erfahrungen anderen fehlen, um das zu verstehen, was für sie selbstverständlich ist. So überschätzen Experten zum Beispiel das Vorwissen von Laien und neigen deshalb dazu, über deren Köpfe hinweg zu kommunizieren. Hinzu kommt eine grundlegende menschliche Neigung, anderen zu unterstellen, dass diese die Welt ebenso sehen wie man selbst. Diese Neigung stabilisiert zwar das eigene Ich, untergräbt aber die Fähigkeit, in komplexen Situationen mit anderen zusammenzuarbeiten. Für das Gelingen einer Kommunikation kommt es deshalb entscheidend darauf an, sich in seine Zuhörer hinein zu versetzen und deren Perspektive zu berücksichtigen. Hierzu ist es erforderlich, die Vorkenntnisse, sowie die Bewertungs- und Gefühlsmuster des anderen so gut wie möglich in Erfahrung zu bringen.

Eine andere Ausprägung der Tendenz, von sich auf andere zu schließen, ist die Überzeugung, „man selbst sei objektiv". Durch diese Sicht verallgemeinern Sie Ihre Wahrnehmung. Da eine einzelne Sichtweise eine Situation niemals ausreichend abbilden kann und von Ihrer eigenen Wahrnehmung geprägt ist, bleiben

Ihnen wesentliche Facetten der Situation verborgen (vgl. Covey 2005, S. 303). Versuchen Sie deshalb, sich in die Situation des anderen hineinzuversetzen. Das ist gut. Denn falls nicht, kann dies schnell dazu führen, dass Sie andere Menschen nicht mehr als Persönlichkeit wahrnehmen, sondern nur auf ihre Herkunft oder äußerliche Merkmale reduzieren und entsprechend oberflächlich bewerten.

Stereotypisierung geschieht häufig ohne böse Absichten. Gerade das macht Stereotypen so gefährlich und so einflussreich. Stereotypisierung findet oft statt, ohne dass derjenige, der andere stereotypisiert, sich dessen bewusst ist. Manchmal handelt eine Person sogar in guter Absicht oder versucht, Stereotypen zu kontern, und trägt so zu deren Verbreitung bei.

Jemanden auf der Basis von Stereotypen zu beurteilen, ist für alle Beteiligten mit Nachteilen verbunden. Unternehmen, die solche Verhaltensweisen zulassen, sabotieren sich auf lange Sicht selbst. Goleman weist darauf hin, dass sich exzellente Manager dadurch auszeichnen, dass sie Menschen anhand ihrer Leistungen einschätzen und sich nicht von Vorurteilen blenden lassen (vgl. Goleman 1999, S. 193). Wenn Unternehmen Vielfalt aktiv nutzen und fördern, kann sie zu einer wesentlichen Quelle von Stärke werden, die diese entscheidend voranbringt.

4.5 Gehen Sie freundlich und offen auf andere zu

Wenn Sie freundlich und offen auf Menschen zugehen, überträgt sich Ihre Offen- und Gelassenheit auf andere Menschen. Doch auch wenn Sie verärgert sind, überträgt sich das auf andere Menschen. Wie Sie auf andere Menschen wirken, ist immer eine Momentaufnahme. Dies gilt andersherum genauso, da sie anderen Menschen auch nur ein kurzes Bild von sich zeigen. Sie wissen nicht, was Ihrer Begegnung gerade vorausging und was dem anderen Menschen gerade bevorsteht. Deshalb lohnt es sich, anderen freundlich zu begegnen.

Ein respektvolles Miteinander erfordert jedoch die richtige Balance zwischen Freundlichkeit auf der einen und dem richtigen Abstand auf der anderen Seite. Gehen Sie deshalb freundlich auf Ihre Mitmenschen zu, ohne sich aufzudrängen oder die Grenzen der anderen zu verletzen.

▶ **Praxistipp**
Wenn Sie eine freundliche und angenehme Gesprächsatmosphäre schaffen möchten, helfen Ihnen die folgenden Tipps weiter:

- Merken Sie sich den Namen Ihres Gesprächspartners und benutzen Sie ihn. Damit signalisieren Sie Interesse und Wertschätzung.

- Bereiten Sie sich sorgfältig vor. Sammeln Sie Informationen über Ihren Gesprächspartner. So finden Sie genügend Stoff für den Begrüßungs-Small-Talk.
- Schaffen sie ein positives Gesprächsklima: zum Beispiel ein freundlicher, ungestörter Besprechungsraum und eine gute Schreibgelegenheit für den Gast. Achten Sie darauf, dass zwischen Ihnen und dem Gast keine Barriere ist. Wenn Sie z. B. während eines längeren Gesprächs hinter Ihrem Schreibtisch sitzen bleiben, degradieren Sie Ihren Gast zum Bittsteller.
- Brechen Sie das Eis: Lächeln, freundlicher Willkommensgruß. Sie signalisieren auf diese Weise, dass Ihnen dieses Treffen wichtig ist.
- Konzentrieren Sie sich auf das Gespräch. Keine Anrufe, keine Besucher, kein Handy.
- Vermeiden Sie Monologe. Achten Sie auf das Feedback und prüfen Sie, ob Ihre Worte den Gesprächspartner noch fesseln.
- Lassen Sie sich nicht von Ihren Emotionen lenken, wenn Ihnen das Verhalten Ihres Gastes missfällt. Auf Regelübertretungen dürfen Sie hinweisen – ruhig und sachlich. Grenzen ziehen ist erlaubt und bringt Ihnen sogar Respekt ein.
- Vermeiden Sie Belehrungen, Herabsetzungen und Killersätze wie etwa „Da fehlt Ihnen die Erfahrung" oder „Ich sehe, Sie müssen noch viel lernen."

Andere respektvoll führen 5

Der zentrale Begriff der vierten Ebene der Respektkommunikation ist „Führung". Der Wirtschaftspsychologe Lutz von Rosenstiel definiert Führung als „zielbezogene Einflussnahme" (Rosenstiel 1991, S. 3). Dabei unterscheidet er zwischen „Führung durch Strukturen" und „Führung durch Menschen". Als „Struktur" gilt in diesem Zusammenhang alles, was in einem Tätigkeitszusammenhang, sei es im beruflichen oder privaten Umfeld, als vorentschieden gilt: Personalstrukturen, Kommunikationsstrukturen oder gegenseitige Abhängigkeiten. Beispiele für führende Strukturen sind die Hierarchie in einem Unternehmen, eine Stellenbeschreibung oder aber Anreizsysteme wie Geldprämien. Da sich nicht alle Lebenslagen und Situationen im Betrieb im Voraus planen lassen, bedarf es in jeder Organisation der Führung durch Menschen.

Gerade in der heutigen Zeit gewinnt Führung durch Menschen zunehmend an Bedeutung. Selbst dort, wo Strukturen führen, sind es gemäß von Rosenstiel Menschen, die darüber entscheiden, inwieweit Mitarbeiter diese befolgen: „Das Verhalten des Vorgesetzten, seine Art, Ziele zu verdeutlichen, Aufgaben zu koordinieren, Mitarbeiter durch Gespräche zu motivieren, Ergebnisse zu kontrollieren, wird zum zentralen Bestandteil der Führung, die sich dann als zielbezogene Beeinflussung von Unterstellten durch Vorgesetzte mithilfe der Kommunikationsmittel definieren lässt" (Rosenstiel 1991, S. 4). Bei der Führung kommt es somit auf Menschen an, und die Art und Weise, wie diese miteinander umgehen und kommunizieren (vgl. ebd., S. 4).

Die Grundprinzipien dieser Ebene gehen von der Annahme aus, dass jeder unter bestimmten Umständen dazu in der Lage ist, andere zu führen und die Regeln in seinem Umfeld zu verändern. Ziel der Regelveränderung ist es, das eigene Potenzial zu erweitern, strukturbedingte Abhängigkeiten zu beseitigen und das eigene Umfeld so zu verändern, dass Konfliktursachen beseitigt werden. Ein

© Springer Fachmedien Wiesbaden GmbH, ein Teil von Springer Nature 2019 33
S. Pastoors und H. Ebert, *Prinzipien der Respektkommunikation,* essentials,
https://doi.org/10.1007/978-3-658-26692-9_5

weiteres Ziel ist eine nachhaltige Veränderung der bestehenden Strukturen des Umfelds (vgl. Pastoors 2005, S. 33).

5.1 Gehen Sie mit gutem Beispiel voran

Viele Menschen versuchen, die Menschen in ihrem Umfeld zu verändern – nicht nur in der Beziehung, sondern auch im Arbeitsalltag: So wünscht sich der Chef von seinen Mitarbeitern mehr Einsatz und die Kollegen verlangen von Ihnen, dass Sie sich ihren Vorstellungen anpassen. Niemand lässt sich jedoch gerne ändern.

Gehen Sie deshalb mit gutem Beispiel voran. Vermitteln Sie anderen den Sinn Ihres Tuns, wenn Sie möchten, dass Ihre Mitmenschen sich ändern. Auf diese Weise gelingt es Ihnen, andere zu inspirieren. Wer die Werte, die er von seinen Mitmenschen erwartet, vorlebt, motiviert sie auf diese Weise, sich ebenso zu verhalten. Leben Sie anderen deshalb Ihre Werte vor.

Vorbildfunktion der Vorgesetzten

„Alle Studien und Untersuchungen – ganz gleich ob sie sich auf Wirtschafts- oder Industrieunternehmen beziehen, ob auf Handel oder Verwaltungen – kommen in einem Punkt zum immer gleichen Ergebnis: die Vorbildfunktion der Vorgesetzten reicht ungeheuer weit. So färben nicht nur simple Gepflogenheiten von Chefs ab, auch deren psychische Grundverfassung macht in dem Unternehmen ‚Schule‘. So wird sich der Optimismus des/der Chefs/Chefin ebenso durch das ganze Unternehmen beziehungsweise die ganze Abteilung fortsetzen wie auch eine etwaige Übellaunigkeit für die ganze Umgebung prägend wirkt. Und so erstaunt es dann auch nicht, dass sich auch die Manieren und der Umgangston von Vorgesetzten ganz selbstverständlich als prägendes Vorbild auswirken. Niemals wird ein Chef höfliche Mitarbeiter erwarten dürfen, wenn er selbst nicht zu jeder Mitarbeiterin und zu jedem Mitarbeiter höflich ist." (Quelle: Wrede-Grischkat 2001, S. 74 f.)

Führungskräfte haben somit eine doppelte Vorbildfunktion. Sie müssen sich bei der Erfüllung ihrer Aufgaben sowohl in der Sache als auch als Mensch vorbildlich verhalten. Wie sie dies tun, bleibt ihnen überlassen. Denn es gibt nachweislich nicht den einen besten Führungsstil. Daraus folgt zwangsläufig, dass Führungskräfte über eine Palette verschiedener Führungsstile verfügen sollten, die sie situativ angemessen einsetzen.

Unabhängig davon, welcher Führungsstil einer Führungskraft am ehesten liegt, ist es wichtig, dass sie ihre Mitarbeiter respektiert. Ein Klima des gegenseitigen

Respekts wirkt sich auf alle Firmenangehörigen motivierend aus. Wer sich als Mitarbeiter geachtet fühlt, identifiziert sich mit dem Unternehmen und hat mehr Freude an der Arbeit. So fördert ein höflicher Umgangsstil maßgeblich den Erfolg und das Image eines Unternehmens.

Es gibt zwei Gründe, warum diese Strategie so gut funktioniert: Erstens lassen Sie anderen ihre Entscheidungsfreiheit und respektieren ihre Kompetenz und Persönlichkeit. Niemand bekommt gerne ein anderes Verhalten aufgezwungen. Zweitens gewinnen Menschen, die mit gutem Beispiel vorangehen, an Glaubwürdigkeit. Ihre „Practice-what-you-preach"-Vorgehensweise beweist ihren Mitmenschen, dass sie in ihrem Sprechen und Handeln konsequent sind und dass sie Ihren eigenen Ansprüchen entsprechen.

Wer von anderen Leistung einfordert, die er selbst nicht erbringen kann, fordert zudem schnell deren Unmut heraus. Wenn Sie von Ihren Mitmenschen ein schnelleres Tempo verlangen und selbst die Zeit verschwenden, empfinden Ihre Mitmenschen Ihre Forderungen als ungerecht und Sie selbst werden unglaubwürdig. Wer seine eigenen Regeln befolgt, gewinnt an natürlicher Autorität. Wer hingegen von anderen erwartet, dass sie seine Regeln befolgen, obwohl er sich selber nicht daranhält, kann nicht erwarten, dass andere seine Forderungen langfristig ernst nehmen. Gehen Sie als Führungskraft, Elternteil oder Politiker nicht mit gutem Beispiel voran, wirkt dies auf die Betroffenen schnell demoralisierend.

5.2 Seien Sie aufmerksam

Aufmerksamkeit und Präsenz sind wichtige Grundlagen für einen respektvollen Umgang. Wer in Gedanken noch beim gestrigen Abend weilt oder schon überlegt, wie er am besten die Bahn erreichen kann, ist nur halb bei der Sache. Wer sich während eines Gespräches mit seinem Mobiltelefon oder seinem Terminkalender beschäftigt, signalisiert außerdem, dass ihn sein Gegenüber und das Gesagte nicht interessieren.

Voraussetzung für eine erfolgreiche Kommunikation ist es, seinem Gegenüber die volle Aufmerksamkeit zu schenken. Hören Sie dem anderen aufmerksam zu und konzentrieren Sie sich dabei voll und ganz auf Ihr Gegenüber. Widmen andere einer Person keine Aufmerksamkeit, kann das auch in unwichtigen Alltagssituationen zu Verstimmungen führen. Unterhält sich ein Verkäufer zum Beispiel mit Bekannten und lässt andere Kunden in der Schlange warten, empfinden diese das eventuell als unhöflich. Wenn Sie anderen die ihnen gebührende Aufmerksamkeit zukommen lassen wollen, müssen Sie in der Situation vollkommen anwesend sein.

Konzentrieren Sie sich komplett auf den Moment und die Person, mit der Sie sich in diesem Moment befassen. Hören Sie Ihrem Gegenüber aufmerksam zu, ohne ihn zu unterbrechen oder das Gesagte in Gedanken zu bewerten oder zu interpretieren. Dazu ist es wichtig, in der Gegenwart zu bleiben und sich nicht in Tagträumen zu verlieren oder die Gedanken abschweifen zu lassen. Wenn Sie sich permanent in eine ‚alternative Realität' flüchten, verlieren Sie langfristig den Kontakt zur Realität und damit den Kontakt zu und das Einfühlungsvermögen für die Menschen, mit denen Sie täglich zu tun haben. Widmen sie deshalb Ihrem Gegenüber auch bei flüchtigen Begegnungen die volle Aufmerksamkeit.

Wenn Sie Ihrem Gegenüber Ihre volle Aufmerksamkeit schenken, nimmt dieser Sie als präsent wahr. Dieser Eindruck ist von großer sozialer Bedeutung. Konzentrieren Sie sich deshalb auf den Moment. Dies bringt Ihnen nicht nur Vorteile im Umgang mit anderen Menschen, sondern auch ein besseres Verständnis für Sie selbst. Es geht darum, im Hier und Jetzt zu leben. Die Vergangenheit ist Geschichte, die Zukunft Geheimnis. Der wichtigste Augenblick ist der gegenwärtige.

5.3   Behandeln Sie alle mit dem gleichen Respekt

Achten Sie darauf, alle Beteiligten gleich zu behandeln, egal ob im Alltag, im Unternehmen oder in der Politik (vgl. Lorenzoni und Bernhard 2001, S. 117). Überprüfen Sie, ob Sie mit zweierlei Maß messen oder manche Menschen auf Kosten anderer favorisieren. Gerade am Arbeitsplatz ist die Gefahr groß, dass die Position einer Person deren Verhalten oder die Behandlung durch andere rechtfertigt. Ein guter Chef zeichnet sich dadurch aus, dass er seine Mitarbeiter nicht nur fair behandelt, sondern auch ein Auge für die unterschiedlichen Talente hat (vgl. Goleman 2000, S. 16). Dazu gehört es, sich nicht von individuellen Macken ablenken zu lassen, wenn die Person ansonsten kompetent ist (vgl. Barnes 2005, S. 120, 136).

Wenn Personen nicht mit dem gleichen Respekt behandelt werden, zieht das unweigerlich negative soziale und psychische Konsequenzen nach sich. Deshalb bringt es wenig, am Arbeitsplatz Konkurrenzsituationen zu kreieren, um Mitarbeiter zu motivieren. Denn wenn Kollegen gegeneinander arbeiten, führt das zu schlechteren Leistungen. Werden einem Kollegen regelmäßig Sonderrechte oder Privilegien zu Teil, weckt das Neid und Missgunst der anderen und zerstört so eine produktive Arbeitsatmosphäre (vgl. Glass 2005, S. 176–181).

Bevorzugung und Ungerechtigkeit erzeugen Ressentiments, egal ob sie sich auf Bezahlung, Anerkennung, Aufmerksamkeit oder etwas Anderes beziehen.

Die langfristigen Effekte sind Zynismus und Entfremdung, nachlassendes Engagement für die Firma, den Freundeskreis oder die Familie. Länger anhaltende Benachteiligung kann dazu führen, dass Mitarbeiter ihren Glauben an Gerechtigkeit vollständig verlieren.

Neben den sozialen und psychologischen Folgen kann Ungerechtigkeit aber auch die Gesundheit beeinträchtigen. Eine finnische Langzeitstudie hat den Zusammenhang zwischen gerechter Behandlung am Arbeitsplatz und dem Herzinfarktrisiko untersucht. Dazu wurden über 6000 Angestellte des englischen Staatsdienstes befragt, ob sie die Behandlung am Arbeitsplatz als gerecht beurteilen. Die Angestellten wurden dann auf Basis ihrer Antworten in drei Gruppen eingeteilt: solche, die ihre Behandlung als sehr gerecht, mittelmäßig gerecht oder wenig gerecht beschrieben. In der folgenden Zeit – die Gruppe wurde über neun Jahre hinweg beobachtet – stellte sich heraus, dass das Herzinfarktrisiko bei Angestellten, die eine sehr gerechte Behandlung erfuhren, 30 % niedriger war (vgl. „Fair geht vor", FR vom 05.11.2005).

5.4   Lassen Sie anderen ihre Freiheit

Wenn Sie anderen Menschen ihre Freiheit lassen, zeigen Sie, dass Sie Ihre Mitmenschen achten. Wer andere achtet, akzeptiert deren Unabhängigkeit. Freiheit hat viel mit Vertrauen zu tun: Es ist ein Ausdruck von Vertrauen, andere ihre eigenen Entscheidungen treffen zu lassen. Damit zeigen Sie, dass Sie sie für kompetent halten, ihre Angelegenheiten selbstständig zu regeln. Dazu gehört eine gewisse Gelassenheit. Sie müssen akzeptieren, dass andere anders sind, die Dinge anders angehen und dass Sie manche Dinge nicht ändern können.

Vertrauen spielt eine große Rolle, wenn es darum geht, andere Menschen zu motivieren. Wie andere über einen denken, wirkt sich erheblich auf die eigene Leistung aus. Dieser Effekt spielt sowohl im Beruf oder Studium als auch im Privatleben eine große Rolle. Ist ein Vorgesetzter oder Dozent davon überzeugt, ein Mitarbeiter oder Student sei schwächer als andere, behandelt er diese anders, als wenn er davon ausgeht, dass dieser besonders begabt ist.

Dieser Mechanismus wird als Rosenthal-Effekt bezeichnet. Der amerikanische Psychologe Robert Rosenthal hat ihn in seinen Studien entdeckt. Erfolg basiert somit nicht nur auf Können, sondern auch darauf, was einem andere Personen zutrauen.

Für die gegenseitige Zusammenarbeit ist es wichtig, anderen Menschen Vertrauen zu signalisieren: „Die Erfahrung zeigt, dass Menschen viel eher bereit sind zu kooperieren, wenn ihnen vertraut wird" (Stahl 2011, S. 126). Vertrauen entsteht, wenn eine Person die Erwartungen an eine zwischenmenschliche Beziehung immer wieder aufs Neue erfüllt. Dann „wirft die Beziehung im Lauf der Zeit eine ‚Dividende' ab [...] Je höher die Beziehungsqualität, desto größer die Dividende" (ebd.). Eine hohe Beziehungsqualität ermöglicht es, Managementfehler zu einem gewissen Grad zu absorbieren. Dies gilt für die unterschiedlichsten Situationen: So wird Mitarbeitern manchmal nicht richtig zugehört, aufgrund von Klischees und Vorurteilen entschieden, oder „Rückmeldungen ‚von oben' auf Mitteilungen ‚von unten' erfolgen widersprüchlich oder gar nicht [...]. Bei einer hohen Beziehungsqualität bleibt die Leistungsbereitschaft dennoch erhalten, und die individuellen Anspruchsniveaus an die eigene Leistung werden nicht sofort zurückgenommen" (ebd.).

Vertrauen in andere zahlt sich aus. Wer seinen Mitmenschen vertraut und ihnen etwas zutraut, kann sie leichter zu guten Leistungen motivieren. Im Gegenzug zu Ihrem Vertrauensvorschuss, geben Ihnen Ihre Mitmenschen eher die Gelegenheit, deren guten Seiten kennenzulernen. Sie verhalten sich Ihnen gegenüber anders als bei jemandem, der ihnen von vornherein mit Misstrauen begegnet oder ihnen nichts zutraut.

Anderen ihre Freiheit zu lassen, ist nicht so leicht, wie es klingt. Sprechen Sie zuvor mit dem Betreffenden und informieren Sie ihn über Ihre Gründe, wenn Sie eine Entscheidung zu treffen haben, die direkt oder indirekt jemanden betrifft, der von Ihnen abhängig ist. Es ist schlechter Stil, wenn die Betreffenden Ihre Entscheidung aus der Presse oder von Dritten erfahren. Auch ein Kommentar und ein gut gemeinter Ratschlag sind schneller ausgesprochen, als vielen Menschen bewusst ist. Üben Sie Zurückhaltung, insbesondere was offene Kritik oder negative Bewertungen angeht.

Bitte beachten Sie: Direkte Gewalt oder Drohung sind nicht die einzigen, sondern nur die offensichtlichsten Mittel, mit denen Sie jemanden zu etwas zwingen können. Auch Manipulation, emotionale Erpressung, das Erzeugen von Schuldgefühlen oder Bestechungsversuche gehören dazu.

5.5 Übernehmen Sie Verantwortung für Ihr Handeln

Im Alltag lässt es sich nicht vermeiden, dass Sie mal einen Fehler machen oder andere vor den Kopf stoßen. Wer seine Mitmenschen mit Respekt behandelt, gesteht seine Fehler ein und entschuldigt sich. Entschuldigungen sind sozial anerkannte Rituale, um Verantwortlichkeit zu übernehmen, abzumildern oder sich von ihr zu befreien, wenn andere ein Verhalten infrage stellen.

Doch es kratzt am eigenen Selbstbild, Fehler einzugestehen. Voraussetzungen für jede Entschuldigung sind Selbstreflexion und ein gewisses Einfühlungsvermögen: Es ist etwas schiefgelaufen. Sie haben etwas falsch gemacht. Ihr guter Ruf steht auf dem Spiel. Die Betroffenen entziehen einem die Anerkennung und das Vertrauen. Auch wenn es heißt „Ich entschuldige mich", können Sie sich nicht selbst entschuldigen. Ihre Entschuldigung ist darauf angelegt, dass andere sie akzeptieren. Nur Ihr Gegenüber kann die Angelegenheit für erledigt erklären.

Erkundigen Sie sich nach den Befindlichkeiten Ihres Gegenübers, bevor Sie sich entschuldigen. Dadurch signalisieren Sie, dass es Ihnen bei der Entschuldigung auch um das Wohlergehen Ihres Gegenübers und Ihr Verhältnis zueinander geht – und nicht (nur) um Sie und Ihren guten Ruf.

Der Chef, der Mitarbeiter in einer wichtigen Frage übergangen hat, muss neu um das Vertrauen seiner Mitarbeiter werben. Indem er sich entschuldigt, lässt er den anderen wissen, dass er spürt, was er ihm zugefügt hat. Es gibt Situationen, in denen zusätzlich eine Wiedergutmachung auf die Entschuldigung folgen muss. Die Folgen einer ausbleibenden Entschuldigung sind oft gravierend: Der Weg zur Aussprache und somit für die weitere Zusammenarbeit bleibt versperrt.

Schlusswort 6

Wir hoffen, dass Ihnen die in diesem Buch beschriebenen Prinzipien dabei helfen, den Mangel an Respekt in unserer Gesellschaft zumindest in Ihrem Umfeld zu beseitigen und Ihre Ziele souverän, aber gleichzeitig auch respektvoll zu erreichen. Denn egal, ob privat oder im Beruf, jeder Mensch möchte gerne respektiert werden. Der erste Schritt, um respektiert zu werden, besteht darin, anderen Anerkennung und Wertschätzung entgegenzubringen. Nur dann sind andere Menschen an einer langfristigen Zusammenarbeit mit Ihnen interessiert. Eine Garantie, dass andere Sie dann sofort ebenfalls respektvoll behandeln, gibt es jedoch nicht. Es kann vorkommen, dass Sie Freunde, Kollegen oder Vorgesetzte respektvoll und wertschätzend behandeln und im Gegenzug abfällige Bemerkungen, Ablehnung oder sogar Anfeindungen erleben. Wenn Sie die Leistung anderer Menschen anerkennen und diesen mit Wertschätzung begegnen, weil Sie diese schätzen und an einer langfristigen Zusammenarbeit interessiert sind, sind solche Rückschläge zwar unangenehm, sie verschaffen Ihnen aber gleichzeitig auch Klarheit über die Absichten Ihres Gegenübers.

Wer respektiert werden will, muss den ersten Schritt tun, und seine Mitmenschen aufrichtig respektieren. Die 20 Prinzipien und die darin enthaltenen Handlungsempfehlungen bieten Ihnen viele Anregungen für eine auf Wertschätzung und Respekt basierende, erfolgreiche Zusammenarbeit. Wir hoffen, dass Sie die Lektüre dieses Buches genossen haben und wünschen Ihnen viel Erfolg bei der Umsetzung Ihrer Ziele!

© Springer Fachmedien Wiesbaden GmbH, ein Teil von Springer Nature 2019

S. Pastoors und H. Ebert, *Prinzipien der Respektkommunikation*, essentials,

https://doi.org/10.1007/978-3-658-26692-9_6

Was Sie aus diesem *essential* mitnehmen können

- Die wichtigste Voraussetzung, um anderen respektvoll begegnen zu können, ist Selbstrespekt. Nur wer sich selbst schätzt und respektiert, kann anderen Respekt entgegenbringen.
- Damit Sie die Rahmenbedingungen in Ihrem Umfeld verändern können, müssen Sie zielgerichtet und erfolgreich kommunizieren, sodass sich eine neue Sichtweise, eine neue Beziehungsqualität oder eine neue gemeinsame Sprache entwickeln können. Dies setzt jedoch ein respektvolles Miteinander voraus.
- Die Regeln und Normen einer Gesellschaft zu beachten, ist eine zentrale Voraussetzung für ein respektvolles Miteinander. In jeder Gesellschaft gibt es feste Regeln, die jedes ihrer Mitglieder beachten muss und von denen erwartet wird, dass auch neue Mitglieder oder Besucher sie respektieren.
- Beobachten Sie genau, wie die Menschen in anderen Kulturen miteinander umgehen. Wenn Sie mit diesen Verhaltensweisen zurechtkommen und dies auch mit Ihren Werten vereinbaren können, können Sie diese ruhigen Gewissens übernehmen. Dabei sollten Sie sich jedoch nicht verrenken. Für einen respektvollen Umgang mit den Mitgliedern anderer Kulturen brauchen Sie Ihre eigene Persönlichkeit nicht aufzugeben.
- Gehen Sie mit gutem Beispiel voran. Vermitteln Sie anderen den Sinn Ihres Tuns, wenn Sie möchten, dass Ihre Mitmenschen sich ändern. Auf diese Weise gelingt es Ihnen, andere zu inspirieren. Wer die Werte, die er von seinen Mitmenschen erwartet, vorlebt, motiviert sie auf diese Weise, sich ebenso zu verhalten. Leben Sie anderen deshalb Ihre Werte vor.

© Springer Fachmedien Wiesbaden GmbH, ein Teil von Springer Nature 2019
S. Pastoors und H. Ebert, *Prinzipien der Respektkommunikation,* essentials,
https://doi.org/10.1007/978-3-658-26692-9

Literatur

Amengual, G. (1999). Anerkennung. In H. J. Sandkühler (Hrsg.), *Enzyklopädie Philosophie* (Bd. 1, S. 66–68). Hamburg: F. Meiner.

Barnes, J. (2005). *John F. Kennedy over Leiderschap.* Zaltbommel: Thema.

Bergler, R. (1997). Sympathie und Kommunikation. In M. Piwinger (Hrsg.), *Stimmungen, Skandale, Vorurteile* (S. 116–153). Frankfurt a. M.: IMK.

Berschneider, W. (2003). *Sinnzentrierte Unternehmensführung.* Lindau: Orthaus.

Birkenbihl, V. (2007). *Psycho-logisch richtig verhandeln. Professionelle Verhandlungstechniken mit Experimenten und Übungen.* Heidelberg: mvg.

Carnegie, D. (2000). *Wie man Freunde gewinnt. Die Kunst beliebt und einflussreich zu werden (How to win friends and influence people, original aus dem jahr 1936).* Bern: Scherz.

Covey, S. (2005). *Die 7 Wege zur Effektivität. Prinzipien für persönlichen und beruflichen Erfolg.* Offenbach: Gabal.

Darwall, S. L. (1977). Two kinds of respect. *Ethics, 88*(1), 36–49.

Dorn, T. (2. Oktober 2010). Tribunal der Gutmeinenden. *Die Zeit, 40,* 5.

Feldmann, R. (2012). *Lügner – die Wahrheit übers Lügen.* Berlin: Springer Spectrum.

Glass, L. (2005). *Sprich doch einfach Klartext! Wie man selbstbewusst kommuniziert und die Initiative ergreift.* München: Goldmann.

Goleman, D. (1999). *EQ2 – Der Erfolgsquotient.*.München: dtv.

Goleman, D. (2000). Durch flexibles Führen mehr erreichen. *Harvard Business Manager, 5,* 9–23.

Gross, G. (2003). Die Kunst des Bedankens. *Bulletin des Direktvertriebs, 1,* 20–22.

Harter, S. (2002). Authenticity. In C. Snyder & S. J. Lopez (Hrsg.), *Handbook of positive psychology* (S. 382). New York: Oxford University Press.

Honneth, A. (2013). *Strukturwandel der Anerkennung. Paradoxien sozialer Integration in der Gegenwart.* Frankfurt a. M.: Campus.

Kitz, V. (2016). Meinungsfreiheit. Das wird man doch wohl mal sagen dürfen – oder? Online-Artikel vom 03.02.2016. http://www.spiegel.de/panorama/meinungsfreiheit-was-darf-ich-sagen-und-was-nicht-a-1074146.html. Zugegriffen: 7. Febr. 2019.

Küpers, W., & Weibler, J. (2005). *Emotionen in Organisationen.* Stuttgart: Kohlhammer.

© Springer Fachmedien Wiesbaden GmbH, ein Teil von Springer Nature 2019
S. Pastoors und H. Ebert, *Prinzipien der Respektkommunikation,* essentials,
https://doi.org/10.1007/978-3-658-26692-9

Lorenzoni, B., & Bernhard, W. (2001). *Professional Politeness. Die Anti-Ellbogen-Strategie für Ihren persönlichen Auftritt im Beruf und im Privatleben.* Düsseldorf: Metropolitan.

Lüger, H. H. (2001). Höflichkeit und Höflichkeitsstile. In H. H. Lüger (Hrsg.), *Höflichkeitsstile* (S. 3–23). Frankfurt a. M.: Lang.

Lützeler, H. (1978). *Persönlichkeiten.* Freiburg: Herder.

Margalit, A. (1999). *Politik der Würde – über Achtung und Verachtung.* Frankfurt a. M.: Suhrkamp.

Marks, S. (2011). *Scham – die tabuisierte Emotion.* Düsseldorf: Patmos.

Pastoors, S. (2005). *Anpassung um jeden Preis: Die europapolitischen Strategien der Niederlande in den Neunziger Jahren.* Münster: Waxmann.

Reins, A. (2006). *Corporate Language. Wie Sprache über Erfolg und Misserfolg von Marken und Unternehmen entscheidet.* Frankfurt a. M.: H.Schmidt Verlag.

RespectResearchGroup Hamburg. (2014). Zentrale Facetten des Respektbegriffs. Webseite der RespectResearchGroup der Universität Hamburg. http://wp.respectresearchgroup. org/respekt/definition/. Zugegriffen: 3. Dez. 2016.

Richter, H. E. (2006). *Die Krise der Männlichkeit in der unerwachsenen Gesellschaft.* Gießen: Psychosozial-Verlag.

Schwarz-Friesel, M. (2007). *Sprache und Emotion.* Tübingen: UTB.

Sennett, R. (2002). *Respekt im Zeitalter der Ungleichheit.* Berlin: Berliner Taschenbuch.

Springorum, D. (2003). *Strategisch communiceren. Interactiestrategien in het taalverkeer.* Bussum: Coutinho.

Stahl, H. (2011). *Leistungsmotivation in Organisationen.* Berlin: ESV.

Teichert, D. (1996). Toleranz. In J. Mittelstraß (Hrsg.), *Enzyklopädie Philosophie und Wissenschaftstheorie* (Bd. 4). Stuttgart: Metzler.

Van Quaquebeke, N., Zenker, S., & Eckloff, T. (2006). *Who cares? The importance of interpersonal respect in employees' work values and organizational work practices* (Bd. 71)., Hamburger Forschungsbericht zur Sozialpsychologie Hamburg: Universität Hamburg, Arbeitsbereich Sozialpsychologie.

von Rosenstiel, L. (1991). Grundlagen der Führung. In L. von Rosenstiel, E. Regnet, & M. E. Domsch (Hrsg.), *Führung von Mitarbeitern. Handbuch für erfolgreiches Personalmanagement* (S. 3–24). Stuttgart: Schäffer Pöschel.

Wrede-Grischkat, R. (2001). *Mit Stil zum Erfolg.* München: Heyne.